reinhardt

»Kinder sind Kinder« – Band 20

Margarete Blank-Mathieu

Kleiner Unterschied – große Folgen?

Geschlechtsbewusste Erziehung in der Kita

2., aktualisierte Auflage

Ernst Reinhardt Verlag München Basel

Margarete Blank-Mathieu, geb. 1945, arbeitet freiberuflich in der Fort- und Weiterbildung. Nach einer Ausbildung zur Kindergärtnerin arbeitete sie zunächst in Kindertageseinrichtungen. Es folgte eine Familienphase (vier Kinder) und ein Studium des Sozialwesens in Tübingen. Dissertation (2002) über die Entwicklung der Geschlechtsidentität bei Jungen im Vorschulalter.

Coverfoto: Getty Images (Bavaria Bildagentur), B. Rosenthal
Fotos im Innenteil: Margarete Blank-Mathieu

Die Deutsche Bibliothek – CIP-Einheitsaufnahme

Blank-Mathieu, Margarete:
Kleiner Unterschied – große Folgen? : geschlechtsbewusste Erziehung in der Kita / Margarete Blank-Mathieu – 2., aktualisierte Aufl.. – München : E. Reinhardt, 2002
(Kinder sind Kinder ; 20)
ISBN 3-497-01619-5
ISSN 0720-8707

Printed in Germany
Reihenkonzeption: Oliver Linke, Augsburg

Ernst Reinhardt Verlag, Postfach 38 02 80, D-80615 München
Net: www.reinhardt-verlag.de Mail: info@reinhardt-verlag.de

Inhalt

Vorwort

Das erste, was wir von einem Menschen wahrnehmen, ist sein Geschlecht. Unsere Welt scheint in zwei Hälften eingeteilt, in die Welt von Männern und in die Welt von Frauen. Wenn wir in einen Kinderwagen schauen heißt unsere erste Frage: „Ist es ein Junge oder ein Mädchen?" Wenn wir an einer neuen Arbeitsstelle beginnen ist es für uns wichtig, ob wir mit Männern oder Frauen zusammenarbeiten.

Kinder werden von uns oft als „vorgeschlechtlich" bzw. als „geschlechtsneutral" wahrgenommen. Kinder in diesem Alter sollten am besten geschlechtsneutral erzogen werden, darüber sind sich viele Erzieherinnen einig. Selbst Autoren wie Martin Verlinden (1995) plädieren für eine Erziehung, die nicht die Unterschiede, sondern die Erziehung zu gegenseitigem Verständnis betont und dazu anregt, im Kindergarten möglichst viele gemeinsame Elemente für Jungen und Mädchen zu etablieren. Jungen sollten „weibliche Eigenschaften" und Mädchen „männliche Verhaltensweisen" erproben und in ihr Selbstverständnis integrieren dürfen.

Auch in diesem Buch soll es nicht darum gehen, die Unterschiede zwischen Jungen und Mädchen zu verfestigen. Dennoch existieren sie und können nicht geleugnet werden. Geschlechtsspezifische Unterschiede sind auf biologische Faktoren und auf unser kulturelles Erbe zurückzuführen. Wie groß der biologische Anteil ist, darüber streiten sich die Experten.

Wird das Gehirn von Säuglingen bereits im Mutterleib durch Geschlechtshormone beeinflusst?

In vielen Untersuchungen hat man festgestellt, dass Unterschiede zwischen Männern und Frauen innerhalb des eigenen Geschlechts größer als die zwischen den Geschlechtern sind. Es ist zwar schwer, eindeutige Aussagen zu treffen, es scheint jedoch verschiedenen völkerkundlichen und soziologischen Untersuchungen zufolge in jeder Gesellschaft und Kultur „männliche" und „weibliche" Geschlechterrollenzuschreibungen zu geben. Allerdings müssen diese nicht unbedingt unseren heutigen europäischen Vorstellungen von „männlich" und „weiblich" entsprechen. Die Biologie ist nur für Tendenzen verantwortlich, wie etwa die enge Beziehung zwischen dem gestillten Säugling und der Mutter. Die Erziehung der Kleinkinder ist damit noch nicht automatisch „Frauensache". Es gibt durchaus traditionelle Gesellschaften, in denen Männer wesentlich stärker, als dies in der traditionellen europäischen Kultur der letzten paar hundert Jahre in Europa üblich ist, in die Kindererziehung einbezogen sind. Das biologische Geschlecht können wir nicht beeinflussen, aber wohl die kulturell geprägte Geschlechtsrollenzuschreibung.

In unserer heutigen Gesellschaft kam es nicht zuletzt durch die Frauenbewegung zu Veränderungen im Verständnis der Geschlechtsrollen. Die meisten Frauen wollen heute Familie und Beruf miteinander verbinden. Sie möchten nicht nur für die sogenannte Reproduktionsarbeit, die materielle und gefühlsmäßige Versorgungsarbeit in der Familie, verantwortlich sein. Die Konsequenz ist, dass auch Männer ihr Rollenverständnis ändern müssen.

Privilegien möchte man(n) nicht gerne verlieren. Daher weigern sich die meisten Männer, das Abbröckeln ihrer Vormachtstellung und die Übernahme von „weiblichen" Aufgaben zu akzeptieren.

Die Selbstverständlichkeit der traditionellen Rollenverteilung in Beruf und Familie, wie sie bei uns noch vor etwa 30 Jahren üblich war, existiert nicht mehr. Jetzt heißt es, von Fall zu Fall auszuhandeln, welche Rolle von mir als Frau oder Mann erwartet wird. Auch für die Erziehungsaufgabe des Kindergartens ist dies ein hoher Anspruch. Es gibt kein festes Konzept von „Weiblichkeit und Männlichkeit", auf das wir die Kinder vorbereiten können.

Eine geschlechtsneutrale Erziehung als einfache Lösung ist nicht möglich. Schließlich sind die Kinder kein unbeschriebenes Blatt, wenn sie zu uns in den Kindergarten kommen. Allerdings können wir, um im Kindergarten mit Jungen und Mädchen auch in Bezug auf den Erwerb der Geschlechtsidentität arbeiten zu können, herausfinden, welchen Weg die Kinder bereits zurückgelegt haben, wie ihre unterschiedlichen Erfahrungen in ihr Selbstverständnis eingeflossen sind, wie die unterschiedlichen Familienverhältnisse und kulturellen Hintergründe weiterwirken und das bereits entstandene Bild von den Geschlechtern verfestigt ist. Nicht zuletzt müssen wir aber auch über unsere eigene Lebensgeschichte nachdenken, da unsere Erfahrungen und Vorstellungen von männlichen und weiblichen Verhaltensweisen in unseren Umgang mit den Kindern einfließen.

Bei der Geschlechtserziehung im Kindergarten müssen wir verschiedene Aspekte bedenken. Unser ganzes Tun und Lassen wirkt sich auf den geschlechtsspezifischen Aspekt aus, da wir alles in unserer Rolle als Frau oder Mann machen. Wir haben keine eindeutigen Vorgaben, wie es zum Beispiel bei der Erziehung zum Sozialverhalten oder der Spracherziehung der Fall ist.

Die Tatsache, dass es Männer und Frauen in unserer Umgebung gibt, immer gegeben hat und immer geben wird, darf uns nicht verführen, die Geschlechtserziehung im Kindergarten als Nebensache zu betrachten.

Jungen und Mädchen müssen befähigt werden, ihre eigene persönliche Geschlechtsidentität zu finden und sie flexibel handhaben zu können, so dass sie auch in zwanzig Jahren noch ohne Persönlichkeitsverlust gelebt werden kann, was keine leichte Aufgabe ist.

Das vorliegende Buch dient nur als Ausgangspunkt für unsere Überlegungen einer geschlechtsoffenen Erziehung im Kindergarten. Es soll aufzeigen, wie eine solche geschlechtsoffene und demokratische Erziehung im Kindergarten erreicht werden kann.

1 Vorerfahrungen bis zum Eintritt in den Kindergarten

◆ *Aus Mann und Frau werden Vater und Mutter*

Eine junge Frau kommt von der Frauenärztin. Sie hat ihr bestätigt, dass sie schwanger ist. Noch kann sie es nicht recht begreifen. Ihre Wahrnehmung hat sich mit der Mitteilung der Ärztin gänzlich verändert. Sie nimmt ihre Umgebung aus der Sicht einer Mutter wahr. Plötzlich bemerkt sie viele schwangere Frauen, Mütter mit kleinen Kindern und Väter, die einen Kinderwagen schieben. Falls sie sich für einen „Erziehungsurlaub" entschließt, kommen einige Umstellungen auf sie zu. Sie will ja gerne für das Kind da sein, auch vielleicht zeitweise den Beruf aufgeben. Aber es fällt ihr schwer, sich in die Rolle der Hausfrau und Mutter hineinzudenken. Plötzlich keinen eigenen Verdienst mehr zu haben, den ganzen Tag nur mit dem Kind zu Hause zu sitzen, kann Angst machen. Aber auch für die wenigen Männer, die sich auf einen „Erziehungsurlaub" einlassen, ist es nicht leicht, von der bezahlten Berufsarbeit zur unbezahlten Haus- und Familienarbeit zu wechseln. Unabhängig davon, wie die beiden ihr neues Leben als Eltern organisieren, wird es auf jeden Fall große Veränderungen mit sich bringen.

Die Freuden und Sorgen der werdenden Eltern wirken sich auch auf das werdende Kind aus. Man weiß inzwischen, dass alle Gefühlsregungen der Mutter sich auf das Kind auswirken. Wenn die Mutter traurig ist, zieht sich auch das Kind traurig in einen Winkel der Gebärmutter zurück. Dass ein Mann die Gefühle seiner Frau, vor allem in einer solch sensiblen Phase durch sein Verhalten beeinflusst, ist wohl unbestritten. Erwartungen und Ängste spielen dabei eine große Rolle. Auch das Wissen über das Geschlecht des Kindes kann zusätzliche Gefühle und Stimmungen, Erwartungen und Zukunftsphantasien auslösen.

1.1 Das erste Lebensjahr

◆ *Das Neugeborene*

Endlich ist der Geburtstermin da! Die Väter lassen sich dieses Ereignis nur noch selten entgehen. Es ist eine einschneidende gemeinsame Erfahrung, die die Bindung des Paares aneinander und an das neue Leben festigt.

Der erste Blick der Eltern richtet sich darauf, ob alle Glieder heil sind und das Kind gesund ist. Das Geschlechtsteil wird mit besonderer Aufmerksamkeit bedacht. Möglicherweise kann die Mutter es sich durchaus schon vorstellen, dass ihr Kleiner mal ein richtiger Mann wird oder ihre Tochter eine richtige Frau. Was sie sich unter „richtigem" Mann oder einer „richtigen Frau" vorstellt, könnte sie zwar augenblicklich nicht genau sagen, aber sie hat ein Männerbild und ein Frauenbild im Kopf, das genau ihren Erfahrungen entspricht: Groß und stark soll ein Junge werden, klug natürlich und gut aussehen soll er auch. Er soll aber auch einfühlsam sein.

Eine Tochter soll dagegen heute tendenziell eher sowohl „weibliche" als auch „männliche" Eigenschaften vereinen. Sie soll beispielsweise mütterlich werden und im Beruf Erfolg haben.

Aber auch der Vater ist nicht frei von Wünschen, die er an diesen Neugeborenen hat. Er wünscht sich eher einen „starken" Jungen und ein „niedliches" Mädchen.

Prägung durch eine sich selbst erfüllende Prophezeiung

Von nun an wird das Kind, ob Junge oder Mädchen von den Wünschen und Vorstellungen seiner Eltern begleitet. Alles, was dem Plan der Eltern entspricht, wird im Kind wiederentdeckt. Jungen werden als besonders kräftig erlebt, Mädchen als hübsch, zierlich und anschmiegsam. Tatsächliche Verhaltensweisen, die das Kind zeigt, werden dann geschlechtsspezifisch verstärkt oder abgeschwächt.

Nachahmung als Sozialisationsfaktor

Das erste Lebensjahr besteht zum großen Teil aus Nachahmung. Alles, was die Erwachsenen tun, wird vom Kind nachgeahmt. Nur durch Nachahmung lernt das Kind Greifen, Sitzen, Gehen und Essen. Es erkennt den Vater an der tiefen Stimme und antwortet ihm, wie man herausgefunden hat mit einer tieferen Tonlage, als das bei Frauen der Fall ist. Den Unterschied zwischen Vater und Mutter kann das Kind genau feststellen: Es weiß, wie der Vater es trägt, wie die Mutter es an sich schmiegt, wie die Eltern sich über das Kind beugen und es aus dem Bettchen holen. Das Baby kann Vater und Mutter am Geruch ihrer Haut erkennen, spürt die Bartstoppeln des Vaters im Gesicht und hört seinen Schritt. Wenn es weint, erwartet es, dass einer kommt und es tröstet. Wenn der Vater dies besonders gut kann, die Mutter aber ungeduldig ist, so schreit es vielleicht so lange, bis der Vater ans Bett kommt und ist mit der Betreuung der Mutter unzufrieden, oder umgekehrt.

◆ *Selbstsozialisation des Kindes*

Lange hat man angenommen, dass das Kind all diesen Einflüssen hilflos ausgesetzt ist und sie über sich ergehen lassen muss. Das Kind ist von Anfang an eine eigenständige Person. Es erlebt sich und seinen Körper als aktiven Menschen. Die Welt wird mit allen Sinnen erlebt und aus den Erfahrungen werden die Erlebnisse ausgewählt, die gut tun, die ein körperliches und seelisches Wohlbefinden bescheren. Die anderen Wahrnehmungen kann das Kind verdrängen, sich dagegen wehren, abspalten.

Ein Kind, das eine massive Ablehnung durch seine Eltern erfährt und dies über seine Sinneswahrnehmungen aufnimmt, will nicht leben – es kann nicht leben. Einer Mutter wird ihr Neugeborenes zum Stillen gebracht. Sie hatte zuvor erzählt, wie unglücklich sie über die Schwangerschaft gewesen war und wie sie dieses Kind am liebsten gar nicht geboren hätte. Der Hass, den sie gegenüber ihrem Mann empfindet, der ihr diese Schwangerschaft zugemutet hat, macht sich jetzt massiv gegenüber dem unschuldigen Kind bemerkbar. Unwillig legt sie das Kind an ihre Brust und verbirgt nur mühsam ihre Abneigung. Das Kind will nicht trinken und läuft plötzlich blau an. Nur durch das schnelle Eingreifen der Ärzte kann es gerettet werden. Durch diesen Schock aufgeschreckt, nimmt die Mutter das Kind schließlich an.

Wenn die Ablehnung zu massiv und die Erlebnisse zu einschneidend sind, hat das Kind keine Chance, sich dagegen zu wehren. Wenn der Vater sich beispielsweise einen Jungen gewünscht und nun ein Mädchen bekommen hat, so kann sich das Mädchen die Liebe des Vaters vielleicht nur damit erkaufen, dass es männliche Eigenschaften ausbildet. Ein Junge, der als weiblich erlebt wird, wird eventuell nur von der Mutter akzeptiert und erfährt fortwährend die Abneigung des Vaters.

Frauen als Bezugspersonen

Manche Väter sind besonders konservativ in ihren Rollenklischees und konsequent, wenn diesen nicht entsprochen wird. Jungen, die ihrem Männlichkeitsbild nicht oder noch nicht entsprechen können, sind nach Meinung dieser Väter in der Obhut von Frauen besser aufgehoben. Sie werden, solange sie sich noch nicht als Männer „beweisen" können den Frauen zugeordnet.

Frauen haben durch die Schwangerschaft, das Geburtserlebnis und das Stillen eine größere Bindung an das Kind und können dessen Bedürfnisse besser beurteilen.

Ob die betreffenden Väter wirklich dieser Meinung sind oder manchmal nur eine bequeme Ausrede brauchen, sei dahingestellt. Es verweist jedoch Mütter auch heute noch oft genug in die alleinige Zuständigkeit für die emotionale Einfühlung – und das nicht nur bei Kleinkindern.

Die Bedeutung der unterbewussten Erfahrungen der ersten Lebensjahre

Alle Erfahrungen, die ein Kind in seinem ersten Lebensjahr macht, prägen es ganz entscheidend. Da aber in diesem ersten Lebensjahr und auch bis weit ins zweite Lebensjahr hinein ein Bewusstsein der Vorgänge der Umwelt nicht vorhanden ist, ist die Veränderung oder Reflexion dieser Erfahrungen im späteren Leben fast unmöglich. Es ist fatal, wenn in dieser Zeit der Säugling eine Ablehnung spürt, dass er als Last empfunden wird.

1.2 Mutter und Vater

Kinder dienen manchen Müttern als Ersatz für den aufgegebenen geliebten Beruf und für die verlorene Freiheit. Sie gehen davon aus, dass sich diese „Opfer" auch lohnen müssten: Alle Kraft, alle Phantasie, alle Zeit und alles Engagement wird den Kindern gewidmet. Sie werden umsorgt, gehätschelt und gehegt. Manche Mütter wachen eifersüchtig darüber, dass ihre Kinder keine Selbständigkeit erlangen, sonst wären sie als Mutter ja plötzlich überflüssig.

Diese Angst ist im ersten Lebensjahr noch völlig unbegründet. Säuglinge genießen es, die ganze Zuwendung der Mutter zu bekommen. Sie brauchen sie auch, um es sich in ihrem Körper, in ihrer Umgebung einzurichten, sich im wahrsten Sinn des Wortes „in ihrer Haut wohl zu fühlen". Dorothy Dinnerstein (1979) beschreibt dies sehr eindrücklich, wenn sie die Frau als den ersten menschlichen Mittelpunkt von körperlichem Behagen und Lust nennt. Nach der Geburt, die ein Kind mehr oder weniger traumatisch erlebt, erfährt es die Geborgenheit an der Mutterbrust, wenn es von unbekannten Geräuschen, Ängsten, Kälte- und Hungergefühl geplagt ist. Die körperliche Bindung des Kindes an die Mutter vermittelt die elementarsten Gefühle von Geborgenheit und Sicherheit, die für das weitere Leben unverzichtbar sind und dem Kind erst erlauben, eine Gefühlswelt aufzubauen. Kinder, die im ersten Lebensjahr in Heimen mit ständig wechselnden Bezugspersonen aufwachsen, können dieses Defizit kaum mehr aufholen und werden soziale Verhaltensweisen auf der Gefühlsebene nur noch unvollständig erlernen. Die Qualität der mütterlichen Bindung, weniger die Quantität, scheint bei der Bildung des Urvertrauens, von dem jedes Individuum lebt, für beide Geschlechter entscheidend zu sein. (Mitscherlich 1978)

Die Gesellschaft fordert, dass eine Mutter ihre eigenen Bedürfnisse zugunsten des Kindes zurückzustellen bereit ist. Ihre Akzeptanz in der Gesellschaft hängt teilweise noch immer mit der Übernahme der Mutterrolle zusammen. Unterbewusst kommt es dazu, dass sie Macht über ihre Kinder auszuüben versucht und dann auch „Schuld" hat, wenn aus den Sprösslingen Muttersöhnchen werden.

Die Hand, die die Wiege bewegt, ist meist weiblich (Mertens 1992). Dies hat eine unterschiedliche Bedeutung für Jungen und Mädchen: Der erste Bezugspartner ist beim Mädchen gleichgeschlechtlich, beim Jungen gegengeschlechtlich. Für die geschlechtsspezifische Entwicklung macht dies einen gravierenden Unterschied. Kinder identifizieren sich mit ihrer primären Bezugsperson. Sie wollen sein, wie diese. Mädchen werden deshalb ihre Geschlechtsrolle leichter finden als Jungen. Jungen müssen ihre eigene Geschlechtsidentität über Abgrenzung zur mütterlichen Bezugsperson finden. Alles, was sie bei ihrer Mutter erleben, ist für ihre eigene Geschlechtsidentität „unbrauchbar", weil sie sich von allem Weiblichen abgrenzen müssen, um männlich zu werden. Mütter signalisieren dies ihren Jungen auch immer wieder, wenn auch oft unbewusst. Sie nehmen ihren Jungen als zukünftigen Mann wahr.

Väter sind aufgrund ihrer Arbeitszeiten außer Haus nicht nur selten anwesend, sondern, wenn sie anwesend sind, dann sind sie für Frau und Kind oft nicht zuständig. Viele möchten ihren Feierabend zu ihrer eigenen Entspannung nutzen, und Frauen und Kinder haben in ihren Bedürfnissen zurückzustehen. (Dies trifft zwar heute nur noch auf eine Minderheit zu, existiert aber in den Köpfen vielfach unbewusst weiter.) In diesem Fall beziehen sich Frauen ausschließlich auf ihre Kinder, und diese erleben den Vater oft lediglich als störend.

Mädchenmütter können in ihre Töchter ihr eigenes Selbstbild projizieren. Sie geben ihnen das, was sie vermissen mussten. Sie erwarten von ihnen, dass sie das erreichen, was ihnen verwehrt wurde. Zugleich leben sie ihnen in einem solchen Fall eine Rolle vor, die dem Kind signalisiert, dass die Mutter mit ihrem Leben unzufrieden ist, dass sie sich unterdrückt und ausgebeutet fühlt.

Kleine Mädchen beobachten die Mutter in ihrem Verhalten zum Vater genau. Es schreibt sich in das kindliche Gemüt ein, was eine Frau tut oder lässt, wie sie spricht oder schweigt, wie sich die Mutter bewegt oder sich ihrem Partner zuwendet.

Mütter erlauben ihren Söhnen im Unterschied zu ihren Töchtern oft, dass sie sich weiter von ihr entfernen, dass sie sie tyrannisieren oder manipulieren. Dies tun sie um so mehr, wenn ihnen bewusst ist, dass sie ihren Jungen loslassen müssen, wenn er in eine männliche Welt hineinwachsen soll. Dies sind sicherlich nur Tendenzen, die aber deutlich machen, wie kleine Jungen und Mädchen schon vor dem Eintritt in den Kindergarten geprägt sein können.

Die Einbeziehung des Vaters in das Familienleben ist wichtig und ermöglicht es den Kindern, die Mutter- und Vaterrolle zu erleben und sich darauf einen „Reim" zu machen. Glücklicherweise fordern inzwischen auch Männer die Einbeziehung in die Erziehung von Säuglingen und Kleinkindern ein. Wenn es um den Erziehungsurlaub geht, stellen Väter jedoch immer noch eine verschwindende Minderheit dar. Allerdings muss man zur Rettung der Väter auch sagen, dass das politische System für eine zeitweilige Freistellung von Männern aus dem Arbeitsleben oder einer Teilzeittätigkeit nicht vorbereitet ist. Männer verdienen meistens mehr als ihre Frauen und ein Mann, der vorwärts kommen will (wovon seine Familie wenigstens finanziell profitieren kann), darf nicht, auch nicht zeitweilig, aus dem Berufsleben aussteigen.

Kinder beiderlei Geschlechts lieben ihre Väter. Wenn sie zur Verfügung stehen, spielen sie oft aufregende Spiele mit den Kindern, sind meist ausgelassener, körperbetonter und spiegeln die Welt außerhalb der Familie wieder. Alles, was fremd, faszinierend und aufregend ist, wird oft durch den Vater repräsentiert. Die Mutter ist eher für den langweiligen Alltagsablauf zuständig. Die Rolle des Vaters ist in diesem Fall lukrativer. Es ist die Ausnahmesituation, die auch das erhöhte Interesse der Umwelt an sich zieht.

Aber beide Elternteile sind für die Geschlechtsidentität von Jungen und Mädchen wichtig. Nur wenn Kinder Erwachsene beiderlei Geschlechts erleben, können sie wählen, wie sie sich mit ihnen identifizieren oder sich von ihnen abgrenzen. Sie können auch Eigenschaften von beiden Personen in ihre eigene Identität integrieren.

1.3 Miterzieher Umwelt

Bedeutung des Wohnumfeldes

Das Wohnumfeld hat in der Ausbildung der Geschlechtsrolle eine nicht zu unterschätzende Bedeutung. Lebt die Familie in einem Hochhaus, in der viele Familien wohnen, ist die Anonymität meist groß. Frauen und Männer werden oft nur als Kulisse im Aufzug oder als meckernde Nachbarin erlebt. Was Mädchen und Buben tun oder nicht tun bzw. nicht dürfen, wird immer wieder angemahnt. Dabei werden in der Regel die „niedlichen" kleinen Mädchen bewundert, die „kräftigen" Jungen dürfen schon einmal die Türe öffnen.

Wo Kinder miteinander draußen spielen können, werden auch gleich- und gegengeschlechtliche Erfahrungen gemacht. Kleinkinder sind dabei eher eingeschränkt, da sie mehr in Hausnähe spielen und von den Müttern beaufsichtigt werden.

◆ *Kontakte der Eltern*

Zu welchen Menschen Kontakt gepflegt wird und in welchen Kreisen die Eltern verkehren, ist für die geschlechtsspezifische Entwicklung des Kindes nicht unerheblich. Die Zahl der Kinder nimmt ab; oft sind nur noch wenige oder keine gleichaltrigen Spielgefährten in der Nähe.

Oft werden Freunde und Freundinnen der Mutter besucht, und die Spielgefährten sind daher automatisch deren Kinder. Die Kinder haben so wenig Möglichkeiten, sich ihre Spielgefährten auszusuchen. Manche Väter nehmen ihre Kinder, meist die Jungen auch schon mal mit auf den Fußballplatz. In dieser männlichen Welt erleben Kinder, wie Männer sein „sollen".

Aber auch durch anscheinend „neutrale" Kontakte werden Kinder sozialisiert. Wie eine geschlechtsspezifische Sozialisation von Jungen und Mädchen entlang dem Gechlechtsrollenstereotypen aussehen kann, schildert zum Beispiel Marianne Grabrucker in ihrem Buch „Typisch Mädchen" (1996). Ihre Erlebnisse, die sie mit Buben- und Mädchenmüttern macht, beschreibt sie eindrücklich in ihren Tagebuchaufzeichnungen.

„Wir sind beim Mutter-Kind-Turnen. Ein gleichaltriger Bub (2 Jahre, 8 Monate) namens Martin, aber größer und kräftiger als Annelie nimmt ihr immer wieder den Ball weg, mit dem die Kinder ein bestimmtes Spiel machen sollen. Das sieht so aus: Er geht auf sie zu, packt den Ball. Sie brüllt und versucht verzweifelt, den Ball zu halten, sie stemmt sich mit den Füßen ein und bückt sich, um den Ball in ihrer Bauchhöhle zu verstecken. Zuletzt beschimpft sie ihn sogar und sagt, dass er das nicht tun dürfe. Es gelingt ihr aber nicht, den Ball zu halten – klar, er ist ja größer, ein Schubs, ein Schlag und der Ball gehört ihm. Alle Mütter und die übrigen Kinder sitzen im Kreis und schauen zu, auch die Mutter von Martin. In mir kocht es, aber es ist ein ungeschriebenes Gesetz unter Müttern, dass ein fremdes Kind nicht in Gegenwart der eigenen Mutter zurechtgewiesen werden darf. Also schweige auch ich. Ich wage nicht, Martin zu ermahnen. Anneli steht nach verlorenem Kampf frustriert da und ist stinksauer auf Martin, der mittlerweile auf dem Ball sitzt, großkotzig, breitbeinig, seelenruhig und überlegen. Ganz, wie es die Bilder von männlicher Körperhaltung zeigen. Eine Mädchenmutter tröstet Annelie und gibt ihr ihren Ball zum Weiterspielen."

Mädchen machen manchmal die Erfahrung, dass sie sich mit einem stärkeren Jungen auf Kämpfe einlassen müssen. Wenn sie verlieren, werden sie zwar getröstet, „er" bleibt aber der Sieger und wird womöglich noch wegen seines rabaukenhaften Benehmens nicht einmal ermahnt. Und „Jungenmütter" sind meist stolz auf ihre durchsetzungsfreudigen Söhne. Ganz anders ist das, wenn Jungen mädchenhaftes Verhalten zeigen. Marianne Grabrucker berichtet von Schorschi, der im Kinderladen einen Rock anzieht und damit vergnügt herumhüpft. Die Mutter von Schorschi schweigt verlegen, während andere Erwachsene um sie herum ihre Witzchen darüber machen, wobei Schorschis Freude deutlich getrübt wird. Weibliche Elemente machen Buben lächerlich. Machen sie sich zur Strafe dafür über Mädchen lustig?

Pädagogische Inseln

Mädchen und Jungen werden schon im Kleinkindalter von einer Aktivität zur anderen gebracht. Einerseits, weil die Mütter ihren Kindern alles bieten wollen, andererseits, weil sie selbst nicht zu Hause versauern möchten. Diese sozialen Beziehungen zwischen Mädchen und Jungen, zwischen Mädchen und Mädchen sowie zwischen Jungen und Jungen bleiben dem Zufall überlassen und sind meist nur sporadisch möglich. Dazu kommt, dass Kinder im Kleinkindalter noch keine stabilen Freundschaftsbeziehungen aufnehmen können.

Erfahrungen machen Kinder dieses Alters durch Beobachtung von Erwachsenen und Kindern und durch die Reaktionen, die ihr eigenes Verhalten hervorruft.

In Miniclubs bietet sich also ebenfalls keine Grundlage für andere Erfahrungen.

◆ *Erfahrungen im häuslichen Umfeld*

Die meiste Zeit verbringen die Kinder im häuslichen Umfeld, oft mit der Mutter als einzige Bezugsperson. Großeltern und Verwandte werden von den Kindern heute meist nur am Rande erlebt, da sie selten zu Besuch sind. Dennoch spielen sie bei der Ausbildung der Geschlechtsrolle einen wichtigen Part. Wenn die Oma zu Besuch kommt, wird vielleicht das kleine Mädchen sein neues Kleidchen vorführen, während der Junge ein Auto erhält. Kinder wurden von den Großeltern in der Regel auf ein traditionell geprägtes Rollenverhalten hin erzogen. Was Mädchen oder Jungen tun oder nicht tun dürfen, was sie anziehen sollen, wie sie sich zu bewegen haben, was für Spielzeug sie brauchen, entschieden Großeltern meist ihrem eigenen Geschlechtsrollenverständnis gemäß. Heute sind auch hier Veränderungen in Gang. Ebenso prägt das Verhalten anderer Verwandter, wie etwa Onkel und Tanten, die Kinder.

Ausländische Familien

Je mehr Kontakte Kinder haben, desto mehr können sie das Verhalten der Menschen überprüfen. Bei vielen ausländischen Familien sind die Kontakte durch die Größe der Familie häufiger und zahlreicher als bei deutschen Familien. Das Geschlechtsrollenverständnis kann konservativer sein. Dadurch werden Rollenklischeevorstellungen mehr verfestigt. Kinder aus ausländischen Familien bekommen oft frühzeitig eine feste Vorstellung davon, was Männer und Frauen tun, wofür sie zuständig sind und was ihnen verwehrt ist. Wenn sie in den Kindergarten kommen reagieren sie oft mit Unsicherheit auf die dort herrschenden Vorstellungen:

Gynal ist seit zwei Wochen im Kindergarten. Jeden Morgen bringt ihn seine große Schwester, bevor sie selbst zur Schule geht, dorthin. Sie zieht ihm die Schuhe aus und die Hausschuhe an. Sie lässt sich herumkommandieren und reagiert mit unterwürfiger Freundlichkeit. Gynal benimmt sich wie ein kleiner Pascha. Die Erzieherin bäckt heute mit den Kindern. Gynal darf dabei helfen. Als es ans Abspülen geht, weigert sich Gynal heftig mitzuhelfen, da dies Frauensache sei. Er beschimpft die Erzieherin heftig.

Geschwister

Bei mehreren Geschwistern haben Kinder die Möglichkeit, männliche und weibliche Verhaltensweisen anhand unterschiedlicher Vorbilder zu überprüfen. Fehlen Geschwister bei gleichzeitig abnehmenden Kontakten in der Welt außerhalb der Familie, kann das eigene Verhalten auch schwerer überprüft und gegebenenfalls verändert werden. Mehrere Geschwister bieten unterschiedliche Rollenmodelle. Es ist ein Unterschied, ob das Kind einen älteren oder jüngeren Bruder hat, ob es selbst ein Junge oder ein Mädchen ist und wie viele Schwestern oder Brüder in der Familie zusammen aufwachsen. Vor allem ältere Geschwister dienen als Vorbild:

Moni spielt mit Steffen und Sandra im Garten. Steffen ist die Mutter, Moni das Kind und Sandra der Vater. Lange Zeit spielen sie friedlich zusammen bis Steffens großer Bruder mit dem Fahrrad heimkommt. Als er Steffen mit einer Schürze bekleidet antrifft, macht er sich über ihn lustig. Steffen ruft den Mädchen noch zu: „Mit Mädchen spielen ist blöd!" und verschwindet mit seinem großen Bruder im Haus.

1.4 Die Entwicklung der Geschlechtsidentität

Wenn ein Kind im Kindergarten angemeldet wird, hat es in Bezug auf seine Geschlechtsidentität schon einige Entwicklungsstufen hinter sich.

0 bis 5 Monate: Symbiotische Phase: In dieser Phase erlebt das Kind sich als Einheit mit der Mutter, und unbewusste geschlechtsspezifische Erfahrungen lassen erste Festlegungen wirksam werden.

6 bis 12 Monate: Differenzierungsphase: In dieser Zeit fühlt das Kind, dass es etwas „anderes" als die Bezugsperson ist Die erste Abgrenzung von weiblich und männlich wird im Unterbewusstsein festgeschrieben.

12 bis 18 Monate: Übungsphase: In der Übungsphase entfernt sich das Kind auch räumlich von der Mutter. Die Freude am eigenen Körper wird beim Jungen in dieser Phase eher unterstützt, beim Mädchen eher gehemmt. Jungen beginnen jetzt, eine männliche Bezugsperson zu imitieren, was eine Vorstufe zur späteren Geschlechtsidentifikation bedeutet. Kleine Mädchen ahmen jetzt die Mutter nach.

18 Monate: Wiederannäherungskrise: Diese Phase geht mit Trennungsangst und emotionaler Distanz von der Mutter einher. Für Jungen und für Mädchen ist die Verfügbarkeit des Vaters jetzt besonders wichtig, da er die Distanz von der Mutter zulässt und doch die nötige Geborgenheit vermittelt.

18 bis 24 Monate: Entdeckung der Geschlechtsunterschiede: Der kleine Junge entdeckt seinen Penis und wird sich zunehmend seiner körperlichen Stärke bewusst. Mädchen erfahren ihre Geschlechtszugehörigkeit weniger körperlich. Sie verinnerlichen, was ihnen über ihr eigenes Verhalten gesagt wird und mit welchen Bewertungen dies verbunden ist. Hier entwickelt sich Wesentliches für die Identitätsbildung. Die Verfügbarkeit eines Mannes festigt diese und schafft ein Gegengewicht zu dem Wunsch des Einsseins mit der Mutter, vor allem für die Jungen. Dieses Gegengewicht ist für Jungen und Mädchen wichtig, obwohl Mädchen sich schließlich mit der Mutter identifizieren werden.

Mit etwa 3–3,5 Jahren haben Kinder, wenn sie in den ersten Jahren verlässliche Bezugspersonen erleben, stabile Bilder von Mutter, Vater und sich selbst, auch in Bezug auf ihre Geschlechtszugehörigkeit. Eine längere Zeit der Trennung von den bisherigen Bezugspersonen kann jetzt unbeschadet erfolgen. In diesem Alter erleben Jungen und Mädchen ihre Geschlechtszugehörigkeit bereits in unterschiedlicher Weise. Sie wissen nicht nur, dass sie Junge oder Mädchen sind, sondern auch, was von ihnen erwartet wird.

Jungen zeigen stolz ihren Penis vor und fühlen sich

damit oft den Mädchen überlegen. Trotzdem glauben sie noch lange, dass sie auch eines Tages Kinder kriegen könnten. Außerdem tauchen bei Jungen und Mädchen noch Phantasien auf, wonach sich die Geschlechtszugehörigkeit mehrmals im Leben ändern kann. In dieser Zeit kommt es immer wieder zu Abgrenzung und Wiederannäherung an Vater und Mutter. Es ist sehr wichtig, dass dabei Erwachsene beiderlei Geschlechts zur Verfügung stehen.

Eine neue Stufe in der Entwicklung der Geschlechtsidentität liegt vor den Kindern, wenn sie in den Kindergarten kommen. Die Kinder kommen dann in die so genannte ödipale Phase: mancher Junge will seine Mutter, manches Mädchen den Vater heiraten.

Kinder, die in dieser Zeit nur Erwachsene eines Geschlechtes antreffen, können die widerstrebenden Wünsche des Kontaktes zu dem anderen und der Identifikation mit dem eigenen Geschlecht nicht erleben. Jungen können zwar die Loslösung von der Mutter besser vollziehen, wenn die Erzieherin als geliebte Frau zur Verfügung steht. Sie können sich aber nicht von Frauen abgrenzen, um ihre eigene Geschlechtsidentität zu finden. Dazu ist ein Mann unerlässlich. Bei Mädchen sind Frauen im Umfeld nötig, um sich wieder dem eigenen Geschlecht zuwenden zu können.

Welche Probleme sich für Jungen und Mädchen allein aus der Tatsache ergeben, dass sie im Kindergarten überwiegend auf Frauen treffen, kann man gar nicht genug reflektieren. Wie wichtig in dieser Zeit männliche Leitbilder, vor allem für den Jungen sind, können wir im Kindergarten dann feststellen, wenn sie sich selbst „Ersatzleitbilder" schaffen. Fernsehhelden oder ältere Brüder werden zu Vorbildern.

2 Erste Eindrücke der Erzieherin

Die Erzieherin bekommt das Kind bei der Anmeldung, wenn es in erster Linie um die Formalitäten geht, das erste Mal zu Gesicht. Obwohl es heute manchmal schwer ist, aus dem Vornamen zu erkennen, ob es sich um einen Jungen oder ein Mädchen handelt, kann die Erzieherin dies oft schon aus dem Aussehen des Kindes schließen. Und das gelingt ihr, obwohl die geschlechtsspezifischen Merkmale, Penis und Scheide verdeckt sind und die Körperformen von Jungen und Mädchen sich in diesem Alter noch kaum unterscheiden. Was ist es also, was uns von Anfang an das Geschlecht anzeigt?

Auskunft über die Geschlechtszugehörigkeit gibt unter anderem das Verhalten des Kindes und das Verhalten der Eltern im Umgang mit dem Kind. Jungen entfernen sich eher weiter von ihren Eltern und behaupten ihre Position meist hartnäckiger. Wenn es ihnen zu langweilig ist, suchen sie sich selbst in einer fremden Umgebung ein zufällig daliegendes Spielzeug. Mädchen fragen oft nach, bevor sie etwas anfassen, was ihnen nicht gehört. Selbst schüchterne Jungen werden als Jungen, nicht als Mädchen wahrgenommen, obwohl sie viele Verhaltensweisen von Mädchen aufweisen. Sie nehmen ihre Mütter stärker in Besitz, sie sind eher bockig als dass sie zu weinen anfangen, wenn ihnen etwas Angst macht. Bei längerer Beobachtung kann die Erzieherin allein aus den Bewegungen eines Kindes schließen, ob es sich um einen Jungen oder um ein Mädchen handelt.

Die Kleidung der Kinder gibt zusätzliche Hinweise. Man kann in der Regel davon ausgehen, dass Mädchen schmückendere Elemente an sich tragen, sei es die Frisur, sei es ein Kleidungsstück mit Rüschen oder Verzierungen oder sei es ein Spielgegenstand. Jungen dagegen legen in der Regel weniger Wert auf ihre Kleidung.

Der erste Eindruck ist oft entscheidend für das Verhalten der Erzieherin gegenüber dem Kind. Dieser erste Eindruck wird von den Vorerfahrungen der Erzieherin nicht unerheblich beeinflusst. Hat sie in ihrer Gruppe schon eine Anzahl wilder Buben, so wird sie das herausfordernde Benehmen eines „Aufnahmekandidaten" erschrecken, sie geht unbewusst auf Abstand. Aber auch besonders ängstliche „Muttersöhnchen" können bei ihr negative Gefühle auslösen.

Das Idealkind einer Erzieherin ist häufig ein zurückhaltendes, aber selbstständig wirkendes Mädchen, das auf die an sie gerichteten Fragen souverän antwortet. Die meisten Mädchen sind beim Kindergarteneintritt tatsächlich schon selbstständiger als die Buben. Die Mütter haben sie in der Regel frühzeitig mit in ihre häusliche Arbeitswelt einbezogen. Sie haben oft Vorerfahrungen in häuslichen Tätigkeiten und suchen beispielsweise sogleich nach einem Lappen, wenn sie etwas ausschütten. Ihr soziales Verhalten ist schon viel ausgeprägter als das der meisten Buben. Sie können sich besser anpassen und fügen sich meist unproblematisch in die Kindergruppe ein.

Auch das soziale Milieu, sowohl das, aus dem das Kind kommt, als auch das der Erzieherin ist von Bedeutung. Mit Eltern aus der eigenen Schicht tut sich die Erzieherin wahrscheinlich leichter. Sie sprechen die gleiche Sprache, das Verstehen ist gegenseitig und der Kontakt wird meist leichter aufrecht gehalten. Der Umgang mit Kindern aus anderen Schichten kann oft schwieriger, weil ungewohnter, sein. Der Erzieherin kann es passieren, ein Kind aufgrund seiner Herkunft zu über- oder zu unterschätzen und zu viel oder zu wenig von ihm zu erwarten.

Für jedes Kind ist es aber wichtig, dass die Unvoreingenommenheit der Erzieherin am Anfang seiner Kindergartenzeit steht. Nur dann kann eine Erzieherin die wirklichen Bedürfnisse des Kindes erkennen, seine „Botschaften" verstehen und seine sozialen Fähigkeiten, auch in Bezug auf das andere Geschlecht fördern. Dabei ist zu berücksichtigen, dass die Erzieherin nicht nur dieses eine Kind zu betreuen hat und das neue Kind nur ein Teil der Gesamtgruppe ist. Die Erziehungsaufgabe der Erzieherin besteht darin, jedes Kind in der Gruppe nach seinen Möglichkeiten zu fördern und es dabei zu unterstützen, wenn es neue Erfahrungen machen will.

Ab dem Zeitpunkt, in dem das Kind im Kindergarten ist, werden neben den familiären Sozialisationsbedingungen auch die Erzieherin und die Kindergruppe in der geschlechtsspezifischen Erziehung eine entscheidende Rolle spielen. Der Kindergarten hat einen wesentlichen Anteil daran, ob Rollenbilder sich als Rollenklischees verfestigen oder zu flexiblen Geschlechtsrollen wandeln.

2.1 Das Kind sehen

Erzieherinnen, die geschlechtsspezifische Aspekte wahrnehmen wollen, müssen sich mit verschiedenen Formen geschlechtsspezifischer Wahrnehmung beschäftigen. Es geht nicht nur darum, zu sehen, welche Kleidung ein Kind trägt und welches Spielzeug es in den Kindergarten mitbringt. Die Bedeutung, die das Kind selbst diesen Dingen gibt, ist entscheidend.

Kleidung

Nicki hat heute ihr rotes Samtkleidchen an. Stolz präsentiert sie es den Freundinnen. Bald geht sie zur Hochzeit ihrer Tante. Dann wird sie noch ein schöneres Kleid bekommen. An diesem Morgen malt sie viele schöne Frauen mit prächtigen Kleidern.

Im Gegensatz dazu verhält sich Maren ganz anders. Auch sie kommt mit einem hübschen Kleid in den Kindergarten. Als die Kinder im Garten spielen schimpft sie über dieses Kleid und beschwert sich bei der Erzieherin, dass sie das Kleid nur deshalb anziehen musste, weil sie heute bei der Oma einen Besuch machen. Sie selbst hätte viel lieber die Jeans angezogen, mit der man auf Bäume klettern darf.

Kleidung kann auch dadurch besondere Bedeutung erlangen, dass sie von geliebten Personen getragen wurde. So kommt Nikola ganz stolz zur Erzieherin und zeigt ihr den Pullover mit einem aufgestickten Rennfahrer: „Den Pullover habe ich von meinem Cousin bekommen, der ist nämlich mein Freund." Wenn im Kindergarten vielfältige Verkleidungsmöglichkeiten, auch „männliche" Kleidung vorhanden sind, so können Kinder immer wieder andere, männliche und weibliche Rollen ausprobieren. Die Erzieherin kann beobachten, welche Rollen Kinder damit übernehmen und wie sie diese ausfüllen.

Für körpersprachliche Ausdrucksweisen benötigt die Erzieherin einige Vorkenntnisse. Auch hier finden wir „männliche" und „weibliche" Ausdrucksformen. Jungen nehmen mehr Spielraum in Anspruch, Mädchen weichen ihnen eher aus und ziehen sich in Ecken zurück. Jungen gehen mit den Materialien im Kindergarten oft sorgloser um und spielen die wilderen Spiele.

Mädchen sind im Umgang oft sozialer. Sie beziehen kleinere Kinder, ob Jungen oder Mädchen, in ihre Spiele ein. Sie fordern meist nicht einfach etwas ein, sondern „schmeicheln" oder bitten, um etwas zu erreichen. Diese

Ausdrucksweisen spiegeln sich nicht nur verbal, sondern auch in Gestik und Mimik wider.

◆ *Spielzeug*

Was bringen Kinder an Spielsachen in den Kindergarten mit, womit spielen sie dort, was bauen und konstruieren sie, welche Materialien bevorzugen sie? Auch hier gibt es persönliche und geschlechtsdifferente Aspekte, die eine Erzieherin durch Beobachtung erfahren kann. Wenn wir eine Umfrage unter Erzieherinnen starten würden, welches Spielzeug bevorzugt von Mädchen mitgebracht wird, so würde wohl die Puppe an erster Stelle stehen. Bei Jungen dürfte es meistens ein Fahrzeug sein. Mädchen

werden auch durch das angebotene Spielzeug, wie zum Beispiel Puppen auf soziales Verhalten hin erzogen:

Jörg spielt mit Jane in der Puppenecke Mutter und Vater. Jane legt die Puppe sorgfältig ins Bett und deckt sie zu. Jörg sitzt am Tisch. Jane bemerkt, dass die Puppe zu weinen beginnt, Jörg soll sich nach ihr umsehen. Jörg nimmt die Puppe grob aus dem Bett, schreit sie an: „Halt den Mund, ich will jetzt fernsehen!" Er wirft sie ins Bett zurück.

Konstruktionsspiele werden im Allgemeinen von Jungen bevorzugt. Mädchen bauen daraus eher Gegenstände für den häuslichen Bereich, z. B. Möbel. Mädchen findet man dagegen häufig bei feinmotorischen Arbeiten, beim Anziehen von Puppen, beim Sortieren von Kleinmaterial, beim Malen und Ausnähen. Jungen bauen Raketen, Gewehre und Messer. Mit diesen rasen sie dann wie wild durch den Kindergarten. Richtig spielen können sie mit den gefertigten Gegenständen oft nicht, aber sie können ihrem Bewegungsdrang Luft machen.

Es scheint so, als hätten die Buben einen größeren Bewegungsdrang. Eventuell ist den Mädchen dieses Bedürfnis nach grobmotorisch ausgreifenden Bewegungen aber bereits aberzogen worden. Im Kindergarten gibt es durch große Kindergruppen und relativ kleine Spielflächen oft nicht genügend Platz für ausgreifende grobmotorische Bewegungen. Beide Geschlechter benötigen diese jedoch zu einer gesunden Körperentwicklung. Aus diesem Grund sollten Materialien und Räume zur Verfügung stehen, die beiden, Jungen und Mädchen vielfältige Körpererfahrungen ermöglichen. Die Erzieherin sollte die von den Kindern bevorzugten Spielsachen und Materialien mit neuen Angeboten ergänzen und es Jungen und Mädchen ermöglichen, auch Alternativen zum bevorzugten Spielzeug auszuprobieren zu können.

2.2 Dem Kind zuhören

Im Kindergartenalltag ergeben sich zahlreiche Möglichkeiten für ein Gespräch. Kinder haben es gerne, wenn ihnen jemand zuhört oder sich auch nur ruhig neben sie setzt. Dass eine Erzieherin nicht gleichzeitig bei allen Kindern sein kann, ist klar. Sie muss aber darauf achten, dass sie nicht nur dann für ein Kind da ist, wenn dieses Kind nach ihr ruft.

Schon bei der Ankunft der Kinder ist es möglich, diese kurz zu begrüßen. Die Kinder können dann von den vorgefallenen oder den zu erwarteten Ereignissen des Tages berichten. Erzieherinnen erfahren dabei häufiger etwas über das soziale Umfeld als ihr das durch Besuche in der Familie möglich ist. Die Erfahrungen, die das Kind in diesem Umfeld, auch in geschlechtsspezifischer Hinsicht macht, sind in vielen Erzählungen integriert:

- Wie spricht das Kind über seine Mutter?
- Wie spricht das Kind über seinen Vater?
- Welche Verwandten erwähnt es besonders häufig?
- Hat die Familie mehr Kontakte zu Erwachsenen oder werden auch Kinder genannt?
- Welche Aktivitäten erwähnt das Kind im Zusammenhang mit Vater oder Mutter?
- Von welchen Berufen der Erwachsenen ist die Rede?
- Was weiß es über den Beruf des Vaters?
- Kann es die Tätigkeiten der Mutter beschreiben?
- Welche Bedeutung haben bestimmte Freizeitaktivitäten?
- Wie oft kommen Personen aus dem Familienumfeld in den Kinderzeichnungen vor?

In Stuhlkreisgesprächen können Themen, die von den Kindern spontan angeschnitten werden, vertieft und in der Kindergruppe diskutiert werden. Es ergeben sich dabei vielerlei Möglichkeiten, geschlechtsspezifische Aspekte zu thematisieren. Kinder lernen ihr Weltbild durch Vergleiche zu überprüfen, ihr Wissen zu verfestigen oder zu korrigieren. Solche Möglichkeiten bietet ein Gespräch im Stuhlkreis. Immer wenn die Erzieherin sich mit den Kindern über Personen unterhält, geht es automatisch um Männer und Frauen bzw. um Jungen oder Mädchen. Selbst Tiere bekommen von Kindern männliche oder weibliche Rollen zugeteilt. Hier können Erzieherinnen viel über die Vorerfahrungen der Kinder in Bezug auf ihr Rollenverständnis erfahren.

In der Freispielzeit hat die Erzieherin die Möglichkeit, sich auf einzelne Kinder besonders einzulassen. Sie besucht die Kinder in den selbstgewählten Spielecken, setzt sich neben sie an den Maltisch, bastelt mit ihnen etwas, lässt sich erklären, welche Bauten gerade in der Bauecke entstehen.

Armin fragt nach einer runden Papprõhre. Er möchte eine Spritze basteln. Die Erzieherin erfährt, dass er gestern beim Arzt war, der ihm eine Spritze gegeben hat. Sie unterhalten sich über verschiedene Erfahrungen bei Ärzten. Dabei wird dem Kind bewusst, dass Ärzte sowohl Frauen als auch Männer sein können.

Als die Erzieherin einen Blick durch den Raum schweifen lässt, sieht sie, wie die Jungengruppe gerade dabei ist, sich mit aus Lego gebastelten Gewehren „totzuschießen". Sie zieht sie ins Gespräch und erfährt, dass die Gewehre doch nicht echt sind und sie den Mädchen in der Bauecke nur einen Schrecken einjagen wollen, dass diese ihnen die Bauecke überlassen. An diesem Vormittag gibt es im Stuhlkreisgespräch eine lebhafte Diskussion über die Gefährlichkeit von Waffen und deren verharmlosende Darstellung in Fernsehfilmen.

2.3 Das Kind bei der Begegnung mit anderen Kindern beobachten

Wenn die Erzieherin sich um die geschlechtsspezifische Erziehung bemühen möchte, so darf sie nicht nur die Geschlechtszugehörigkeit des Kindes im Auge haben. Doch muss sie diesen Aspekt bei ihren Beobachtungen immer auch mit berücksichtigen. Die beste Zeit zur Beobachtung ist die Freispielzeit. Kinder zeigen sich und ihre Gefühle, aber auch ihre Bedürfnisse hier besonders offen:

> Michaela geht zu Katrin in die Puppenecke. Sie spielen mit ihren Puppen, kochen Kaffee und backen Kuchen. Jens möchte mitspielen. Michaela sagt, dass sie ihn rufen werden, wenn der Kaffee fertig wäre. Als sie zusammen Kaffee getrunken und Michaela mit Katrin das Geschirr abräumt, sagen sie zu Jens, dass er jetzt wieder auf die Arbeit gehen soll und erst zum Abendessen wieder erscheinen dürfe.

In der Bauecke spielen derweil die großen Buben. Karen ist als einziges Mädchen dabei. Ihr Vater ist Bauingenieur und sie berät die Buben fachkundig beim Bau eines Hochhauses. Dennoch kann eine Erzieherin nicht von einer einmaligen Beobachtung auf die häusliche Erziehung schließen. Es kann zum einen sein, dass gerade heute der Anführer der Jungengruppe fehlt und Karen deshalb die Möglichkeit bekommt, ihre Kenntnisse, die sie von ihrem Vater hat, der Jungengruppe stolz vorzuführen.

Die gegenseitige Akzeptanz ist ein wichtiges Erziehungsziel im Kindergarten. Ein Mädchen vom Spiel auszuschließen, nur weil es ein Mädchen ist, einen Jungen schon deshalb als aggressiv darzustellen, nur weil er ein Junge ist, das wäre ungerecht. Dennoch passiert das häufig und kann dann auch von der Erzieherin angesprochen werden.

Oft sind es ganz andere Gründe, warum das Kind vom Spiel ausgeschlossen wurde als die Erzieherin vermutet. Deshalb ist das Gespräch mit den Kindern wichtig. Vor allem die Erzieherin, die darauf achten möchte, dass sich Rollenklischees nicht behaupten können, sieht vieles oft nur noch aus diesem Gesichtspunkt. Wenn sie Kinder beim Spielen beobachtet, so könnte sie sich dabei folgende Fragen stellen:

- Mit wem spielt das Kind häufig?
- Übernimmt es die über- oder die untergeordnete Rolle?
- Spielt es lieber eine weibliche oder eine männliche Rolle?
- Wie füllt es diese aus?
- Auf welche Weise übt es Macht über die anderen Kinder aus?
- Wie äußert es seine Gefühle?
- Kümmert es sich um schwache oder traurige Kinder?
- Hat es Freunde?

Kinder brauchen Freunde, gleich- und andersgeschlechtliche. Kinderfreundschaften sind wichtig für die eigene Entwicklung, aber auch für die Entwicklung einer Sozialkompetenz.

Die Erzieherin hat mit einer Gruppe Jungen gerade darüber gesprochen, wie Männer und Frauen aussehen. Dabei konnte sie beobachten, dass vor allem bei der Nennung von Frauen die großen Jungen eine unsichere Haltung einnahmen, einige zu kichern begannen und schließlich einer „gestand“, dass er verliebt sei. Darauf sagte ein anderer: „Frauen sind immer verliebt.“

Nun war an eine sachliche Argumentation nicht mehr zu denken. Die Jungen malten Herzchen mit Pfeilen und brachten diese „Liebeserklärungen“ ihren angebeteten „Frauen“. Die Mädchen beachteten sie nicht und spielten ungerührt weiter. Verlegen und niedergeschlagen kehrten die Jungen an den Tisch zurück und schenkten die Bilder der Erzieherin. Welche Enttäuschung dies für sie bedeutete und wie blamiert sie sich vorkamen, sie zeigten es mit keiner Miene. Schon im Kindergarten werden Ängste und Frustrationen angelegt und können weiterwirken.

2.4 Das Kind im Austausch mit Vater und Mutter erleben

Gleichaltrige sind für die Selbstsozialisation von großer Bedeutung. Wie man jedoch mit Jungen oder Mädchen umgehen kann, welche Erwartungen man an das andere Geschlecht stellt, dieses Wissen erwerben sich Kinder beim täglichen Umgang mit Erwachsenen, das sind in erster Linie die Eltern. Den Kindern wiederum wird auf vielfältige Weise von den Eltern signalisiert, wie es sich zu verhalten hat und was die Eltern von dem Kind, sei es ein Junge oder ein Mädchen, erwarten.

Schon bei der ersten Begegnung von Eltern und Kind kann die Erzieherin Beobachtungen machen, die auf ein bestimmtes Geschlechtsverständnis der Eltern hinweisen. Die Eltern präsentieren ihr Kind bei der ersten Begegnung mit der Erzieherin mit Stolz, aber auch mit Sorge, dass es auch im Kindergarten akzeptiert und angenommen wird. Für diesen ersten Besuch putzen sie das Mädchen besonders heraus. Auch der Junge wird noch einmal genau gemustert. Die prüfenden Blicke der Eltern auf das Kind zeigen der Erzieherin deutlich, welche Gefühle sich bei den Eltern abspielen. Wenn das Kind schon länger in den Kindergarten geht, ist dies nicht mehr so deutlich. Dennoch kann die Erzieherin Mutter oder Vater mit dem Kind erleben.

Sven wird von seiner Mutter in den Kindergarten gebracht. Sie holt einen Kamm heraus und streicht ihm über das Haar. Sie putzt ihm die Nase und hängt seinen Anorak sorgfältig an den Haken. Dann ermahnt sie ihn noch einmal, sein Vesperbrot doch aufzuessen, dass er groß und stark werden kann.

Kaum hat die Mutter den Kindergarten verlassen, beginnt Sven wie wild herumzutoben, um den Kameraden zu beweisen, dass er kein Muttersöhnchen ist.

Väter sieht man wesentlich seltener im Kindergarten. Sie sind auch bei Elternabenden zahlenmäßig viel geringer vertreten. Sieht man einmal davon ab, dass ein Elternteil zu Hause bleiben muss, um auf die schlafenden Kinder aufzupassen, so hat man doch den Eindruck, dass Väter sich im Kindergarten nicht so wohl fühlen.

Wenn sie ihren Jungen bringen, geben sie ihm noch einen freundschaftlichen Klaps und überlassen es der Erzieherin oder einem größeren Mädchen dem Jungen beim Binden der Hausschuhe zu helfen. Es gibt aber auch da fürsorgliche Väter, besonders die Mädchenväter: Obwohl er schon längst im Büro sein sollte, lässt er sich von seinem Töchterchen noch überreden das neuangeschaffte Puzzle anzusehen. Und wie die Kleine schmeicheln kann! So haben wir das Mädchen noch gar nicht erlebt. Kokett hebt sie ihr Näschen und wirft einen bewundernden Blick nach oben. Mit schmeichelnder Stimme bittet sie den lieben Papa doch noch zwei Minuten bei ihr zu bleiben. Die Mutter dagegen, die sie am Vortag in den Kindergarten brachte, hat sie schon an der Haustüre kurz abgefertigt.

Die beste Gelegenheit, das Kind mit beiden Eltern zu erleben bieten uns kleine Festlichkeiten im Kindergarten. Mutter und Tochter ähneln sich häufig in der Art, sich zu kleiden und zu bewegen.

Wir erleben aber auch, dass Mütter mit ihren Söhnen an der Hand kommen, der Vater läuft wie verloren drei

Schritte hinterher. Im Lauf des Nachmittags bildet sich eine Männergruppe aus Vätern, die nicht wissen, wie sie sich in dieser Umgebung verhalten sollen und zu wem sie eigentlich gehören.

Inzwischen gibt es auch berufstätige Mütter und Hausmänner. Die Väter versorgen ihren Nachwuchs genauso gut wie die Mütter, sie gehen mit den Kindern zum Spielplatz und bringen sie täglich in den Kindergarten. Und sie fallen den Erzieherinnen nur dadurch auf, dass sie Männer sind. Warum machen sich manche Erzieherinnen mehr Gedanken über diese Familienkonstellation? Finden sie selbst, dass diese Rolle einem Mann nicht ansteht oder warten sie nur darauf, dass er in ein männliches Verhalten verfällt, das ihnen ihre Meinung bestätigen würde. Auch die Rolle der Mutter ist doch etwas ungewöhnlich. Entdecken sie nicht männliche Züge in dem Gesicht der Frau und hat sie nicht etwas Unweibliches an sich?

3 Beobachtungen und Aussagen von Jungen und Mädchen

3.1 Kinderzeichnungen

Kinderzeichnungen sind Briefe von Kindern an sich selbst und an ihre Umwelt. Sie geben darin Botschaften weiter, stellen Fragen und erzählen über ihre vielfältigen Wünsche, Gefühle und Erfahrungen. Es ist für Erzieherinnen wichtig, sich mit den Bedeutungen von Kinderzeichnungen zu befassen. Kinder erzählen aber auch gerne bereitwillig, was sie gemalt haben, sobald sie in der Lage sind, gegenständlich zu malen. Dies ist etwa um das vierte Lebensjahr herum, manchmal auch schon früher, der Fall.

Die verschiedenen Malphasen und ihre Bedeutungen sind geschlechtsübergreifend, geben aber zusätzlich Auskunft über Sozialisation und Selbstkonzept des Kindes auch im Hinblick der Geschlechtsrolle. Es gibt zwei Ausprägungen, die mit dem Temperament und der Veranlagung des Kindes zusammenhängen:

- Der eher *sachlich orientierte Typ*, dem es vor allem um die „richtige" Darstellung geht, die Formen sind eher eckig, konstruktiv. 78 % der Jungen verwenden diese Ausdrucksform.
- Das *phantasiebetonte Kind* bevorzugt runde Formen, schmückt seine Bilder mit vielen phantastischen Details aus und legt auf die wirklichkeitsgetreue Darstellung weniger Wert. Diese Bilder werden von uns oft als „schöner" empfunden. Mädchen malen bevorzugt so.

Bei beiden „Maltypen" werden Phantasien, Gefühle, Wünsche und reale Ereignisse vermischt dargestellt.

Da es bei dem „sachlich orientierten" Maltyp darauf ankommt, die Wirklichkeit möglichst genau abzubilden (wie das Kind sie im Kopf hat, jedenfalls nicht, wie Erwachsene sie sehen), benötigt es mehr Bestätigung und Ermunterung beim Malen. Sonst verzieht sich dieses Kind schnell in die Bauecke oder zu den Konstruktionsspielen und wird am Maltisch nie wieder gesehen. Aber gerade für das Kind, das den sachlichen Stil bevorzugt ist es wichtig, dass es seine Gefühle und Wünsche in dieser Weise ausdrücken kann.

Wenn sich die Erzieherin mit der Malentwicklung von Kindern auseinandersetzt, so erfährt sie auch, dass Kinder in ihren Bildern Erlebnisse aus der Vergangenheit verarbeiten, aber auch Zukunftsvisionen zeichnen. Oft hat man den Eindruck, dass alle Kinder das Gleiche malen, weil sich die Motive so sehr gleichen.

Wenn die Erzieherin sich dann einmal Zeit nimmt, das Bild genau zu betrachten, kann sie einige geschlechtsspezifische Unterschiede entdecken: Mädchen und Jungen malen häufig die „ihnen zugewiesene Welt".

Belotti (1991) beschreibt die Mädchenbilder so: Die Zeichnungen der Mädchen zeigen fast alle irgendwelche Szenen aus dem täglichen Familienleben, in denen wenige Personen vorkommen, die dann auch "unwichtige" Dinge tun: Mütter, die zum Kochen nach Hause kommen, Kinder, die kranke und gesunde Omas besuchen, Kinder, die für die Mutter Blumen pflücken. Das Haus ist immer gegenwärtig. Die Mutter kommt ebenfalls überall vor, während der Vater praktisch nirgends auftaucht.

Aber auch die Jungen malen Haus, Baum, Sonne, Gras. Dieses Motiv haben Jungen und Mädchen gemeinsam. Allerdings schmücken Jungen ihre Bilder dann noch mit Raketen, Blitzen, Fahrzeugen und anderen Dingen aus der Außenwelt aus. Sie zeigen, dass sie selbst ihren Weg bestimmen wollen, dass sie wissen, „wo's lang geht". Wenn sie sich selbst malen, so sind sie oft einer gefährlichen Situation gegenübergestellt:

Mark (6 Jahre) will einmal Feuerwehrmann werden. Zuerst malt er ein brennendes Haus. Es sieht ziemlich gefährlich aus, er benützt fast alle Farben, um die Flammen darzustellen.

Dann kommt das Feuerwehrauto an die Reihe. Er selbst erscheint auf dem Bild nicht. Als die Erzieherin ihn fragt, wo er selbst gerade sei, antwortet er: Ich bin ja noch kein Feuerwehrmann, ich male mich erst auf das Bild, wenn ich groß bin.

Sowohl die Phantasie als auch die Wirklichkeit werden oft in einem Bild ausgedrückt. Kinder müssen immer wieder schwierige Phasen überwinden. Wenn eine Erzieherin mehr über ein Kind in Erfahrung bringen will als es dies sprachlich auszudrücken in der Lage ist, sollte sie die Zeichnungen dieses Kindes einmal genau verfolgen. Probleme, mit denen ein Kind konfrontiert wird, werden sich auch immer in seinen Bildern niederschlagen.

Kinderzeichnungen sind das wichtigste Ausdrucksmittel im Vor- und Grundschulalter. Sie sind ein Spiegel der kindlichen Wahrnehmung und des kindlichen Denkens. Kinder haben ein großes Bedürfnis, sich zeichnerisch auszudrücken. Ihre Darstellungen entsprechen inneren Notwendigkeiten. Ihr Sinn liegt in sich und nicht im fertigen Produkt.

Es gibt keine schönen oder hässlichen Kinderbilder, höchstens Bilder, die zeigen, dass das Kind gerade keine Lust zum Malen hatte und das Bild nur wegen der Bitte eines Erwachsenen gefertigt hat. Es ist eine Unsitte von Erwachsenen zu einem Kind zu sagen: „Mal mir mal ein schönes Bild." Oft steckt lediglich der Wunsch des Erwachsenen dahinter, das Kind einmal eine Weile los zu sein. Wenn ein Kind dies spürt, so braucht man sich nicht wundern, wenn die Lust am Malen abnimmt. Lassen wir das Kind also malen wann und wozu es Lust hat. Dann wird es uns die aktuellen Geschichten seines Lebens erzählen.

Geschlechtsspezifische Elemente finden sich sowohl offen als auch verschlüsselt darunter. Folgenden Fragen könnte sich eine Erzieherin beim Betrachten von Kinderbildern und deren mögliche Bedeutungen stellen:

- Welche Personen tauchen immer wieder auf den Bildern auf?
- Welche Personen aus dem Umfeld des Kindes werden nie gemalt? Sind es männliche oder weibliche?
- Welche Themen greift das Kind auf?
- Welche Farben verwendet es?
- Hat es seinen Malstil verändert und wie?

- In welchen Zusammenhängen malt das Kind sich selbst?
- Wobei hält es sich besonders lange auf, malt sehr sorgfältig?
- Was für Bilder der Beziehung zwischen den Geschlechtern werden gezeichnet (abgrenzend, abwertend, das eigene Geschlecht erhöhend und machtvoll ausgestattet, unterordnend oder gleichberechtigt harmonisch)?

Weitere Hinweise zu Kinderzeichnungen und deren Bedeutung finden sich in spezieller Fachliteratur (Furth 1997).

Da die Beschäftigung mit dem Thema Kinderzeichnungen auch für Eltern höchst aufschlussreich ist und außerdem genug Beispiele aus dem Kindergartenalltag dazu vorhanden sind, ist ein Elternabend (z. B. mit einer Maltherapeutin als Referentin) eine gute Gelegenheit, sich das nötige Grundwissen anzueignen.

3.2 Wahl des Spielzeugs und des Spielraums

Es gibt Spielzeug, das Jungen und Mädchen gleichermaßen gerne benützen. Dazu gehören Puzzles, Gesellschaftsspiele, Bilderbücher, Bauklötze, Tierfiguren und Mal- und Bastelsachen. Bei diesen Spielsachen kann man davon ausgehen, dass eine Bevorzugung eher in einer persönlichen Vorliebe des Kindes als in seiner Geschlechtszugehörigkeit zu finden ist.

In Untersuchungen finden wir aber auch geschlechtsspezifische Vorlieben. So hat Martin Verlinden (1991) die Spielhäufigkeit von Kindern am Maltisch und in der Bauecke untersucht. Die Tabelle 1 zeigt das Ergebnis bei einer Betrachtung von 180 Tagen.

Jungen stellten also ca. 75 % der Nutzer der Bauecke

Tabelle 1: Spielhäufigkeit

	Mädchen	**Jungen**	**gesamt**
Bauecke	131	319	450
Maltisch	494	231	725

und Mädchen knapp 25 %, während von den Kindern am Maltisch 68 % Mädchen und 32 % Jungen waren.

In einer 1976 durchgeführten Studie wurden verschiedene Spielmaterialien angeboten. Beobachtungen dabei wurden so geschildert:

> Kürzlich hatten wir die Fischer-Technik als Angebot. Sofort trennte sich die Gruppe in zwei Teile: Alle Jungen kamen zur Fischer-Technik und die Mädchen, die zuvor mit den Jungen Memory gespielt hatten, blieben beim Memory.

3.3 Rollenspiele

Bei Rollenspielen kann man geschlechtsspezifische Unterschiede am deutlichsten wahrnehmen. Jungen spielen häufig mit der Jungengruppe. Wenn ein Junge beginnt, eine Rakete zu bauen, so ahmen die anderen Jungen dies sogleich nach. Rollenspiele von Jungen stellen oft gefährliche Situationen dar, denen sich die Jungen im Spiel stellen müssen. So fahren sie mit einem Raumschiff oder kämpfen mit wilden Tieren. Diese Rollenspiele sind häufig aus Fernsehserien übernommen und werden immer wieder nachgespielt. In der Jungengruppe gibt es dabei meist einen Anführer, einen, der die Geschlechtsrollenklischees am ehesten verkörpert, nämlich kräftig und durchsetzungsfähig oder besonders klug ist. Nur dieser darf die Hauptperson spielen. Es ist bei Rollenspielen der Jungen häufig eine Hierarchie zu beobachten.

Rollenspiele der Mädchen stammen meistens aus dem häuslichen Umfeld oder einer märchenhaften Welt. Die Rollen werden flexibler gehandhabt und es gibt weniger Machtausübung als bei den Jungen. Mädchen werden in die Rollenspiele von Jungen seltener einbezogen als Jungen in die Mädchenspiele. Allerdings spielen Jungen in Mädchenspielen oft eine passivere Rolle. So kann man vor allem kleine Jungen, die von der Jungengruppe abgelehnt werden oder die vor den wilden Spielen der Jungengruppe Angst haben bei den Mädchen in der Puppenecke beobachten.

Hagemann-White (1984) führt diese Anlehnung an die Jungen- bzw. die Mädchengruppe auf die Selbstsozialisation von Kindern zurück: „Nachdem sie erkannt haben, welchem Geschlecht sie angehören, sozialisieren sie sich selbst in diese Richtung. Dies erspart ihnen die Suche nach Belohnungen in Bezug auf die Annahme der Geschlechtsrolle. Kinder haben eine eigene Motivation, denen ähnlich zu werden, die ihresgleichen sind."

Bei einer Befragung von 25 jungen Männern (Blank-Mathieu 1996c), was sie im Kindergarten am liebsten gespielt haben, wurde folgendes genannt: Fangen, Fußball, Spielgerät, Klettergerüst, Lego (3x), Autos (3x), Arzt, Constri (2x), Holzeisenbahn (2x), Bausteine (7x), Playmobil (3x), Ritterburg, Bauecke, Bastelarbeiten, Steckbausteine, Malen, Bandenkrieg, Angriffe auf Mädchen (3x), Duplo (Flugzeuge und Schiffe), Singen, Rollerfahren, im Garten Sandkastenspiele. Diese Befragung zeigt deutlich, was Jungen bevorzugt spielen. Dabei kommen immer auch aggressive Spiele vor. Bandenspiele, in denen sie Aggressionen untereinander austoben können, aber auch Angriffe auf Mädchen. Viele Erzieherinnen haben mit den aggressiven Verhaltensweisen von Jungen Probleme. Jungen scheinen diese „Mutproben" zu brauchen. Sie wollen sich mit anderen messen, wollen zeigen, wer stärker ist. Dabei bevorzugen sie ältere Spielgefährten.

Mädchen dagegen spielen gerne mit jüngeren Kindern. Sie „bemuttern" Kinder beiderlei Geschlechts.

Während der Kindergartenzeit wird allmählich von der Mehrheit der Kinder die Geschlechtskonstanz verstanden. Die meisten Kinder wissen also nun, dass sich die Geschlechtszugehörigkeit nicht mehr verändern wird und durch Veränderung der äußeren Erscheinung oder geschlechtsuntypisches Verhalten nicht beeinflusst wird. So fungieren die kindlichen Geschlechtsrollenkonzepte als kognitive Schemata, die Informationen aus der sozialen Umwelt aufnehmen und ihr eigenes Verhalten beeinflussen. Die Kindergartenzeit ist deshalb für die Ausbildung eines konstanten Geschlechtsverständnisses eine wichtige Zeit. Erzieherinnen müssen dies in ihre pädagogischen Überlegungen und in ihre konzeptionelle Arbeit einbeziehen. Sie müssen die „heimlichen Lehrpläne" der Geschlechtsrolle, die das Kind im Kindergarten lernt, kennen, um angemessen darauf zu reagieren.

4 Geschlechtsbezogenes Lernen im Kindergarten

Vom Wissen über die eigene Geschlechtszugehörigkeit bis zu einer Geschlechtsidentität dauert es noch eine Weile. Während der Kindergartenzeit bildet sich zunächst die Geschlechtskonstanz aus. Dies heißt, dass Kinder am Ende der Kindergartenzeit wissen, dass sie ihre Geschlechtszugehörigkeit lebenslang behalten. Diesen Prozess gilt es wahrzunehmen und ihn zu begleiten.

Wie erfährt das Kind sich selbst in der Kindergruppe, welche Spielsachen stehen ihm zur Verfügung? Wer unterstützt es bei seinen Bemühungen, ein männliches oder weibliches Selbstkonzept auszubilden?

Obwohl auch während der Kindergartenzeit die geschlechtsspezifische Sozialisation durch die Herkunftsfamilie und das soziale Umfeld weitergeht, kommen nun noch die Kindergartenstrukturen und die dort anwesenden Personen als Mitgestalter der Selbstkonzepte in Bezug auf das Geschlecht hinzu.

4.1 Die Rolle der Erzieherin

Die Erzieherin spielt in der Entwicklung der Kinder eine wichtige Rolle. Allerdings muss dies in Untersuchungen (Blank-Mathieu 2001) wenigstens in Bezug auf die Jungen korrigiert werden. Jungen nehmen die Erzieherin kaum wahr und werden bei dem Prozess der Entwicklung zu einer Geschlechtsidentität von ihr nicht unterstützt. Sie erkennt die besonderen Bedürfnisse der Jungengruppe nur selten und reagiert häufiger, als dass sie agieren würde. Unter Umständen hat das damit zu tun, dass sie verunsichert ist oder ihr eigenes Geschlechtsrollenverständnis nicht genügend hinterfragt hat. Da eine Frau in der Regel eine andere Sozialisation erfahren hat als ein Mann, beschäftigt sich dieses Kapitel ausschließlich mit der Erzieherin. Der im Kindergarten tätige Erzieher und dessen spezielle Problematik wird hier nicht gesondert behandelt. Auf einige Besonderheiten wird in verschiedenen Zusammenhängen noch hingewiesen. Einige Hinweise in diesem Kapitel betreffen jedoch beide Geschlechter.

Die Mehrzahl der im Kindergarten tätigen pädagogischen Personen sind Frauen, was das eine besondere Bedeutung für die geschlechtsspezifische Erziehung von Jungen und Mädchen hat. In einem Tagungsthema wurde das so formuliert: „Erziehung = Frauensache, Risiko für Mädchen und Jungen?" Vielerlei Gedanken könnten durch diese Formulierung auftauchen:

- Sind Frauen nicht die besseren Pädagogen?
- Sollte diese Formulierung von einem Mann stammen?
- Wo liegt das Risiko für beide Geschlechter?
- Wo bleiben die männlichen Pädagogen?

Auf der oben angesprochenen Tagung berichtet eine Sprachheillehrerin von ihren Erfahrungen mit Jungen in einer sechsten Klasse. Sie schildert lebendig die besonderen Probleme von Jungen und schließt mit den Worten: „Meinen pädagogischen Stil möchte ich hier nicht ausführen. Ich sage nur soviel dazu: Am Ende des Schuljahres sprach mich eine Mutter an und sagte zu mir: Sie sind der erste Mann im Leben meines Sohnes!"

Sollen wir das sein? Männerersatz? Die besseren Männer? Erzieherinnen sollen und dürfen ganz Frau bleiben, sie müssen nur um die besonderen Wirkungen von Frauen auf Jungen und Mädchen wissen. Sie müssen aber zuerst wissen, welche Frau sie selbst sind und welche sie sein möchten.

Solange Frauen ihre Arbeit an der Arbeit von Männern messen, solange sie nicht den Mut haben ihr Frausein zu bejahen, solange sie die Probleme von Männern mitbearbeiten, solange werden sie sich überfordern und ihrer pädagogischen Aufgabe nicht gerecht werden können. Deshalb muss sich jede Erzieherin zunächst darüber klar werden, wie sie mit Mädchen und Jungen umgeht.

In Befragungen von Erzieherinnen wird von diesen immer betont, dass sie Jungen und Mädchen gleich behandeln und kein Kind wegen seines Geschlechts benachteiligen oder bevorzugen. Dies ist oberflächlich betrachtet auch tatsächlich so. Jungen und Mädchen haben den gleichen Zugang zu Spielsachen, werden bei Regelverstößen gleichermaßen ermahnt, werden zu Arbeiten herangezogen, gleichgültig, ob sie Mädchen oder Jungen sind.

Bei einer genaueren Betrachtungsweise gibt es dagegen gravierende Unterschiede. Diese sind meist wenig bewusst, sind weniger agierend als reagierend. Mädchenverhalten und Jungenverhalten ist unterschiedlich, deshalb ist die Erzieherin auch gezwungen, darauf anders zu reagieren. Kinder werden von Erzieherinnen tendenziell wahrgenommen als

Mädchen:	– sozial	– beeinflussbar
	– angepasst	– kooperativ
	– aufmerksam	– ruhig
	– hilfsbereit	

Jungen:

- unruhig
- laut
- wild
- vorlaut
- durchsetzungsfähig
- leistungsorientiert
- unberechenbar

Allein diese Einstellung, die aus vielfältigen Erfahrungen herrührt, wird deshalb schon eine andere Reaktion auf kindliche Verhaltensweisen hervorrufen. Das „typische" Jungenverhalten fordert mehr Aufmerksamkeit, Jungen setzen ihre Bedürfnisse besser durch und bringen sich durch negatives Verhalten immer wieder ins Bewusstsein der Erzieherin. Sie wird gezwungen, sich mit den Jungen mehr zu beschäftigen als mit den Mädchen. Das Verhalten der Mädchen wird eher als angenehm und entlastend erlebt. Wenn es ans Aufräumen geht findet sich beispielsweise immer ein Mädchen, das bereit ist mit dem Aufräumen zu beginnen.

Katrin sitzt mit Kai und Britta am Mal- und Basteltisch, als die Aufforderung zum Aufräumen zu hören ist. Katrin, 6 Jahre alt, legt sofort ihre Zeichnung beiseite und räumt die Stifte in das Schälchen. Dann weist sie Britta (4 Jahre) und Kai (5 Jahre) darauf hin, dass sie auch aufräumen sollen. Britta sagt, dass sie nur noch die Sonne aufs Bild malen will. Kai lässt sich nicht stören und schneidet an einem Stück Pappe herum. Als die Erzieherin am Maltisch vorbeikommt, lobt sie Katrin und fordert Kai auf, seine angefangene Rakete am Nachmittag fertig zu stellen und jetzt auf die Seite zu räumen. Dieser bleibt seelenruhig sitzen und holt sich sogar noch den Klebstoff aus dem Regal. Katrin und Britta räumen inzwischen den Mal- und Basteltisch vollständig ab. Kai passt dabei auf, dass sie nichts von seinen gebastelten Sachen erwischen. Als die Mädchen mit dem Aufräumen fertig sind, nimmt Kai seine Bastelsachen und legt sie bereitwillig in sein Fach.

Ähnliche Szenen können in Kindergärten immer wieder beobachtet werden. Durch solche Erlebnisse werden Mädchen und Jungen in ihrem Verhalten bestärkt. Sie können keine neuen Erfahrungen machen.

In einem Vortrag über geschlechtsspezifisches Verhalten von Kindern wurde das Jungenverhalten kurz und prägnant beschrieben: Jungen tun das, wozu sie Lust haben und das mit Ausdauer und Elan. Sie tun dies unaufhörlich und unbeeinflussbar. Das bleibt so bis ins Erwachsenenalter. Deshalb stammen große Erfindungen oft von Männern, die schon als Kind ihre Interessen durchsetzen konnten und sich nicht beirren ließen, daran weiterzuarbeiten. Bereits im Kindergarten kann man dies bemerken. Wenn Jungen an einer Sache interessiert sind, so sind sie nicht zu bremsen, weder durch die Frühstückszeit noch durch eine spannende Geschichte. Sie lassen sich kaum ablenken.

Für viele Erzieherinnen bedeutet das, dass sie die Jungen in Ruhe spielen lässt, dass sie sich solange austoben dürfen, bis die übrigen Kinder gestört werden, dass sie sie möglichst wenig hemmt. Die Mädchen werden zu Verbündeten, ihnen werden die Kleinen und Schüchternen anvertraut, sie werden gebeten, beim Aufräumen oder bei Reproduktionsarbeiten, wie Tische wischen, Wachskreideflecken entfernen etc. zu helfen. Damit wird typisch weibliches Verhalten verstärkt, wie auch typisch männliches Verhalten. Kinder werden wegen ihrer speziellen Verhaltensweisen weiter in der gleichen Richtung sozialisiert. Andere Erfahrungen werden ihnen nicht zugetraut oder zugemutet.

Zwar ist der Anspruch, den die Erzieherin hat, in der Gleichbehandlung der Kinder begründet. Der Erziehungsalltag mit großen Kindergruppen, einer wilden Jungengruppe, Arbeitsüberlastung durch Krankheit und häufige Abwesenheit von Kolleginnen lässt die Durchführung der gesetzten Ziele oft scheitern.

Beachtenswert erscheint, dass Erzieherinnen (Projekt „Manns-Bilder" 1996) glauben, dass ihre Verhaltensweisen keine besonderen Einflüsse auf geschlechtsspezifisches Verhalten ausüben, dass sie keine besondere Unterstützung bei der Erziehung von Jungen und Mädchen benötigten, dass ihr Wissen über die Hintergründe dieser geschlechtsspezifischen Verhaltensweisen von Kindern ausreichte. Man muss aber bedenken, dass Verhaltensweisen im Kindergarten verstärkt, verfestigt und in die eigene Lebensgeschichte eingeschrieben werden. Daher ist der geschlechtsspezifische Aspekt einer der wichtigsten, die Erzieherinnen bei ihrer Arbeit berücksichtigen müssen.

Inzwischen leiden nicht nur Frauen, sondern auch Männer an einem Klischee von Männlichkeit und Weiblichkeit. Im Kindergarten darf dieses Klischee nicht als Erziehungsprämisse dienen. Wenn Erzieherinnen mit Jungen und Mädchen arbeiten, so müssen sie ihre eigene Sozialisationsgeschichte reflektieren. Dies ist nicht einfach und oft nur durch viele innere Widerstände erreichbar. Folgende Fragen könnten dabei hilfreich sein:

- Welche Eigenschaften an mir sind „weiblich" und wie empfinde ich diese (positiv oder negativ, störend oder hilfreich)?
- Welche Frauen und Männer habe ich in meinem Leben erlebt oder erlebe sie noch?
- Welche Eigenschaften dieser Frauen und Männer finde ich gut, und hätte ich sie selbst gerne?
- Habe ich ein insgesamt positiv gefärbtes Männer- und Frauenbild oder habe ich mit der einen oder anderen Ausprägung Probleme?
- Welche Eigenschaften bei Frauen und Männern, bei Jungen und Mädchen machen mich wütend oder ärgerlich?

- Wenn ich mir alle Eigenschaften, die ich gerne hätte, aneignen könnte, welche „weiblichen" und „männlichen" Eigenschaften würde ich gerne in mein Selbstbild integrieren?

Die Beantwortung dieser Fragen zeigt, worauf bei Jungen und Mädchen vielleicht unbewusst besonders eingegangen wird, welche Reaktionen Neid oder Ärger auslösen können, welche Wünsche indirekt auf die Kinder übertragen werden. Wenn diese Selbsteinschätzung erfolgt ist, wird die Erzieherin Jungen und Mädchen anders wahrnehmen. Das führt noch nicht unbedingt zu anderen Reaktionsweisen.

Hilfreich wäre es, wenn ein Kindergartenteam es sich zur Aufgabe machen könnte, sich gegenseitig dabei zu unterstützen, dass Verhaltensweisen, die eine Rollenfixierung bei Kindern bewirken können, aufgedeckt und verändert werden. Dazu einige methodische Hinweise:

◆ *Selbstbeobachtung mit Videoaufnahme im Stuhlkreis*

Eine Selbstbeobachtung durch das Herstellen einer Videoaufnahme ist relativ leicht durchführbar. Kinder finden es spannend, wenn sie gemeinsam mit der Erzieherin einen „Film" drehen dürfen und sich selbst dann auch „sehen" können. Auch für die Vorbereitung eines Elterngespräches oder Elternabends ist der Film einzusetzen. Kinder verhalten sich in der Regel nach einer kurzen Zeit (Kamera auf einem Stativ mit Übersicht über die Gruppe) völlig natürlich und vergessen, dass eine Aufnahme erfolgt. Auch die Erzieherin kann sich weitgehend natürlich verhalten, da die Aufnahme nicht an die Öffentlichkeit gelangt und sie weitere Aufnahmen herstellen kann. Beim Abspielen des Videobandes kann sie sich fragen:

- War es mir unangenehm, „beobachtet" zu werden?
- Habe ich mich anders als sonst verhalten?
- Wo habe ich agiert, worauf reagiert?
- Welche Gespräche haben mit Jungen oder Mädchen stattgefunden?
- Welche Fragen haben Jungen und Mädchen gestellt?
- Wo haben sich Jungen oder Mädchen „geschlechtstypisch oder „geschlechtsuntypisch" verhalten?
- Hatte dies mit meiner Fragestellung oder meiner Reaktion zu tun?
- Welche Körperhaltung hatte ich gegenüber Mädchen oder Jungen (zustimmend, ablehnend, abgewandt, geduldig, ungeduldig, abgelenkt?
- Welches Sprachverhalten zeigte ich gegenüber Mädchen oder Jungen, war es unterschiedlich?

◆ *Gegenseitige Beobachtung*

In einem Team, das durch Vertrauen und Verständnis geprägt ist, kann eine gegenseitige Beobachtung noch weitere Aufschlüsse bringen. Eine Beobachtungszeit von täglich 10 Minuten genügt. Diese Beobachtung sollte über einen längeren Zeitraum hinweg durchgeführt werden. Den einzelnen Phasen des Kindergartentages sollte Aufmerksamkeit vor dem Hintergrund der unterschiedlichen Zugehensweise bei Mädchen und Jungen zuteil werden.

Außer den schon oben angeführten Fragestellungen sollten vor allem das Sprachverhalten, verbale und nonverbale Anteile (Wortwahl, Gesten, Mimik, Hinwendung, Hilfsangebote, Kritik, Lob) Beachtung finden, und zwar in typischen Kindergartensituationen:

– bei der Begrüßung
– beim Freispiel
– im Stuhlkreis
– bei Aktivitäten
– beim Spiel im Freien

Es wäre gut, diese Beobachtungen schriftlich festzuhalten, um sie danach gemeinsam durchzugehen. Der zusätzliche Einsatz einer Videokamera ist möglich. Eine gegenseitige Beobachtung ist auch deshalb sinnvoll, um fair miteinander umzugehen und sich nicht angegriffen zu fühlen. Es muss am Ende der Beobachtungsphase möglich sein, dass auf ein Reflexionsgespräch verzichtet wird. Sicher hat eine Beobachtung trotzdem Auswirkungen auf das Verhalten und die Selbstreflexion einer Erzieherin.

4.2 Die Gleichaltrigengruppe

Im Kindergartenalter beginnt die Ablösung von erwachsenen Bezugspersonen. Kinder nehmen immer mehr Kontakt zu Gleichaltrigen und Kindern anderer Altersstufen auf. Auffallend ist, dass Mädchen im Kindergarten sich eher den jüngeren Kindern zuwenden und Jungen mehr mit Gleichaltrigen oder älteren Kindern spielen.

Bereits im Kindergarten etabliert sich eine eigenständige Kinderkultur. Dieses Phänomen wird von Eltern und Erziehern nur sehr unzureichend wahrgenommen. Deshalb möchte ich mich an dieser Stelle ausführlicher mit dieser Erscheinung befassen: Was ist unter einer eigenen Kinderkultur zu verstehen und wie äußert sich diese im Kindergarten?

Kinder stellen eigene Regeln auf

Regeln der Erwachsenenwelt sind für Kinder oft einengend und unverständlich. Sie begreifen nicht, weshalb sie zu einer bestimmten Zeit essen sollen, obwohl sie keinen Hunger haben, warum sie dann aufräumen müssen, wenn sie gerade eine besonders gute Spielidee hatten oder warum man ausgerechnet am Sonntag einen Spaziergang mit den Eltern machen soll statt mit dem Freund im Garten zu spielen. Kinder orientieren sich ganz an ihren Körpergefühlen, was bedeutet, dass sie ihre Gefühle sehr sensibel wahrnehmen und ihre Tätigkeiten auf Lustempfindungen abstimmen. Wenn sie Lust haben etwas zu tun, sind sie kaum zu bremsen. Sie entwickeln eine ungeheuere Ausdauer, die sich die Erzieherin beim Aufräumen im Kindergarten oft wünschen würde.

Kinder erfinden dafür andere Regeln. Es kann sein, dass sie einen Platz im Kindergarten für geheim erklären. Hinter einen bestimmten Busch im Garten dürfen die Kinder nicht gehen, da dort eine Gefahr lauert. Oder beim Seilhüpfen darf auf keinen Fall eine bestimmte Schrittplatte betreten werden.

Es gibt auch geschlechtsspezifische Regelungen. Wer mit wem spielen oder nicht spielen darf, wann Jungen mit Mädchen spielen dürfen und wann dies nicht sein soll, welche Spiele zu bestimmten Zeiten tabu sind oder unbedingt gespielt werden müssen, diese Regeln sind für Kinder ungeheuer wichtig.

Das magische Denken, das noch weit ins Schulalter von Kindern hineinspielt, ist für viele dieser Regelungen verantwortlich und erhält sie aufrecht. Wenn diese Regeln, die spontan entstehen können oder sich in einer Kindergruppe „vererben“, nicht beachtet werden, so kann daraus ein „Unglück“ hervorgehen. Es ist für Erzieherinnen und Eltern schwer, die Logik der kindlichen Regelsysteme nachzuvollziehen. Dazu gehört auch, dass bestimmte Dinge an einem bestimmten Platz sein müssen oder nicht fehlen dürfen. Der Teddy, den man zum Einschlafen benötigt oder die Hupe, ohne die ein Spiel im Freien nicht gespielt werden kann, sind solche Notwendigkeiten.

Jungengruppen geben sich andere Regeln als Mädchengruppen. Beide halten sich aber auch an geschlechtsübergreifende Regelungen. In den Geheimclub der Jungen wird kein Mädchen aufgenommen, bestimmte Rituale müssen eingehalten werden, es muss eine Leistung erbracht oder ein Geschenk mitgebracht werden. Wichtig bei solchen Spielen oder bei „Bandenbildung" ist auch die Geheimhaltung vor Erwachsenen. Selbst noch so harmlose Spiele werden sinnlos, wenn Erwachsene eingeweiht sind. Für die Erzieherin heißt dies, dass sie solche Spiele möglichst unkommentiert beobachten soll, aber nur dann eingreifen darf, wenn wirklich Gefahr für ein Kind besteht, wenn z. B. Mutproben verlangt werden, bei denen sich das Kind verletzen kann. Um in die Jungengruppe aufgenommen zu werden, sind häufig besondere Rituale einzuhalten oder es muss auf besondere Weise auf sich aufmerksam gemacht werden:

Sebastian ist noch ziemlich neu im Kindergarten. Er versucht seit Tagen mit den größeren Jungen zu spielen, die ihn aber immer wieder abweisen, da er noch ein Baby sei. Nach seinem Geburtstag bringt er ein ferngelenktes Auto mit in den Kindergarten. Sofort ist er von der Jungengruppe umringt und jeder möchte mit dem Auto spielen. Sebastian stellt nun gemeinsam mit der Gruppe Regeln auf, wer wann und wie lange mit seinem Auto spielen darf. Von diesem Tag ab darf Sebastian bei allen Aktivitäten mitspielen.

Verschiedenste Gegenstände, vor allem aber Dinge, die Jungen mögen wie Autos, Flugzeuge oder technische Geräte, spielen bei der Anerkennung eine große Rolle. Sie ermöglichen, dass neue Kinder akzeptiert, bisher eher am Rande stehende anerkannt und eine neue Hierarchie geschaffen wird. Die Hierarchie spielt in der Jungengruppe eine besondere Rolle. Anführer sind oft größere oder ältere Jungen. Stärke und Durchsetzungsvermögen bestimmen, wer über Spielbeginn und Spielverlauf entscheidet. Es kann passieren, dass die ganze Gruppe der Vorschuljungen ohne ihren „Anführer" nicht ins Spiel findet. Besonders „männliche" Jungen werden als Vorbild genommen. Aber auch Jungen, die phantastische Spielideen haben, neue Spiele erfinden, Geheimzeichen und Bastelideen entwickeln sind in der Jungengruppe beliebt.

Jörg baut aus Legosteinen einen Zauberstab. Er beginnt nun ein Kind nach dem anderen in ein bestimmtes Tier zu verzaubern. Die Jungen werden zu Löwen, Tigern und Eisbären, die Mädchen zu Schafen und Giraffen verzaubert. Danach stürzen sich die Jungen auf die Mädchen, um sie zu fangen. Es geht ziemlich laut zu, sodass die Erzieherin eingreift, um die Mädchen von den Jungen „zu retten".

Die Jungengruppe versucht nun täglich Zauberstäbe aller Art zu basteln und die Mädchen zu verzaubern. „Mädchen ärgern" ist ein besonders beliebtes Jungenspiel und verschafft dem Anführer besonders viel Anerkennung.

In den meisten Fällen stellt das eine besondere Art der Annäherung dar. Da Jungen sich gegenseitig „verbieten", mit Mädchen zu spielen ist eine Annäherung häufig nur auf diese Art möglich.

Jungen möchten Kontakte mit Mädchen aufbauen, sie haben bestimmte Mädchen, in die sie vor allem wegen ihres Aussehens „verliebt" sind. Diesen Mädchen machen sie kleine Geschenke und versuchen immer wieder deren Aufmerksamkeit zu erringen.

Es erinnert an die Kontaktaufnahme von Kleinkindern, die sich manchmal, um auf sich aufmerksam zu machen, boxen oder an den Haaren ziehen. „Mädchen ärgern" kann hier ebenfalls als eine Geste der Hilflosigkeit verstanden werden.

Einige Jungen sitzen am Maltisch. Sie malen unterschiedliche Bilder. Plötzlich fängt einer der Jungen an ein Herz zu malen und ein Mädchen mit langen blonden Haaren auf die rechte, sich selbst auf die linke Seite des Herzens zu malen. Die Erzieherin, die dazukommt fragt, welches Mädchen dies sei. Er erklärt ganz ernsthaft, dass das Tina, seine Geliebte, sei und er ihr dieses Bild schenken will.

Als er fertig ist, geht er auf Tina von hinten zu, gibt ihr einen Schubs und wirft ihr das Bild vor die Füße. Tina schaut nur kurz auf und lässt das Bild unbeachtet auf dem Boden liegen.

Solche Erfahrungen sind nicht selten. Wenn sich Jungen auf eine ungeschickte Weise an bestimmte Mädchen „heranmachen", erleben sie Ablehnung oder Unverständnis. Sie zeigen ihre Gefühle bereits in diesem Alter in einer Weise, die für Mädchen nur schwer verständlich ist. Für Jungen ist dies sicherlich ein Problem, das sie aber kaum in der Lage sind alleine zu bewältigen. Dazu kommt, dass sie ihre „Niederlage" niemandem anvertrauen dürfen, um nicht Gefahr zu laufen ausgelacht zu werden.

Die Mädchengruppen haben ganz andere Regelungen als die Jungen. Ihre Spiele sind auf einen mütterlichen Umgangston aufgebaut, sie lieben Schönes, Harmonisches und spielen gerne die Rolle der Mutter, die einkauft, das Essen kocht und saubermacht. Mit Puppen spielen sie den Umgang mit Kindern nach. Die Erzieherin kann an den Mädchenspielen oft sogar die von der Mutter häufig verwendeten Sätze hören und die häusliche Situation nachvollziehen. Jungen sind deshalb in der Puppenecke oft unerwünscht. Sie stören die Ordnung, die Regeln des Umgangs miteinander, sie gehen mit den Puppen nicht sorgfältig genug um und können nicht warten, bis das „Essen" fertig ist.

Die kleinen Jungen oder die schüchternen Kinder, die von der Jungengruppe abgelehnt werden, werden von den großen Mädchen beschützt und mit ins Spiel einbezogen. Im Kindergarten kann man schon eine deutliche Abgrenzung der Regeln von Jungen und Mädchen feststellen, die sich in unterschiedlichen Spielformen zeigen. Eine spezielle Kinderkultur äußert sich aber auch in Phantasiegestalten.

Wie schon eben angeklungen erfinden Kinder gerne ihnen angemessene Spielformen. Oft fehlt es ihnen an eigenem Mut oder sie fühlen sich als Kinder noch nicht anerkannt genug, sodass sie sich Phantasiegestalten ausdenken, mit deren Hilfe sie mächtiger werden. Der „Superman" verschafft einem die richtige Durchsetzungsfähigkeit in der Gruppe, wenn er eines Tages dazu zu bewegen ist, mit in den Kindergarten zu kommen. Solange er zu Hause wartet kann man wenigstens mit ihm prahlen.

Timo ist einer der Kleinsten in der Vorschulgruppe. Eines Tages erzählt er, dass ihn der Superman aus der Fernsehserie besucht hat und versprochen hat, wiederzukommen. Jeden Tag berichtet er nun von Unternehmungen, die er nach dem Kindergarten mit dem Superman plant. Als ihn Alexander fragt, ob der Superman auch echt ist, sagt Timo: „Du spinnst wohl, hast du ihn noch nicht im Fernsehen gesehen, der ist ganz toll stark und hat erst gestern einen Blitz vom Himmel geholt."

Mit dem großen Bruder den man zur Hilfe holen kann, können heute nicht mehr alle Jungens aufwarten. Auch der noch mächtigere Vater fehlt manchmal oder ist nicht greifbar.

Phantasiegefährten ersetzen die Anteile der eigenen Person, die als fehlend empfunden werden. Auch hier äußern sich unterschiedliche Wünsche. Jungen, deren Vater sich selten um sie kümmert, stellen sich gerne männliche Phantasiegestalten vor. Mädchen, die in ihrer Mädchenrolle nicht glücklich sind, haben oft Jungen als Phantasiegestalten, die all das dürfen, was ihnen als Mädchen nicht erlaubt ist. Aber auch Tiere werden als Phantasiegestalten von Kindern erfunden.

Erwachsene sollten diese Phantasiegestalten der Kinder ernst nehmen. Sie zeigen uns, was das Kind sich wünscht, was es gerne schon können möchte und wo es sich einsam oder alleingelassen vorkommt. Kinder brauchen zur Unterstützung ihres noch ungefestigten Selbstbildes Phantasiegestalten. Nur selten werden sie krankmachend oder zeigen einen Realitätsverlust an.

Phantasiegeschichten, die die Kinder sich gegenseitig oder uns erzählen, haben eine ähnliche Funktion. Sie ermöglichen den Kindern ihre noch nicht vorhandenen Fähigkeiten zu erweitern, lassen Raum für die Verschmelzung der Wirklichkeit mit der Phantasie und lassen die Kinder in „Traumbildern“ weit über die sie umgebende Wirklichkeit hinauswachsen. Auch Erwachsene gönnen sich ja in Filmen und beim Lesen von Büchern die Verwirklichung ihrer unerfüllten Träume.

Auch Kinderspiele sind nicht selten Ausdruck einer besonderen Form der kindlichen Welt- und Lebenserfahrung. Kinder erleben ihre Welt anders als Erwachsene. Sie brauchen andere Spielformen, andere Ausdrucksweisen für ihre Erfahrungen. Sieben Gründe für kindliche

Spielinszenierungen werden von Flitner genannt (1978, 107–111):

1. Vergnügen
2. Ausdruck von Aggressionen
3. Angstbewältigung
4. Erfahrungszuwachs
5. Förderung des Sozialkontakts
6. Festigung der Persönlichkeit
7. Kommunikationsmittel

Kindliches Spiel erscheint Erwachsenen oft unverständlich oder unvernünftig. Kindergartenkinder können selten erklären, weshalb ein bestimmtes Spiel für sie so faszinierend ist, warum sie immer wieder nach diesem Spiel verlangen. Das Zusammenspiel von kognitiven, emotionalen, sozialen und psychomotorischen Elementen ist über einfache Bedeutungsmerkmale schwer fassbar. Mädchen und Jungen spielen andere Spiele, brauchen andere Möglichkeiten zur Selbstfindung, müssen Ängste auf andere Weise bewältigen, weil sie auch anderen Ängsten ausgesetzt sind. Spiel ist die „Arbeit" des Kindes. Kinder können ihre Fähigkeiten erproben, sie festigen. Im Spiel können kommunikative Fähigkeiten entwickelt und soziale Kontakte geknüpft werden. Erzieherinnen, die die Freispielphase als bedeutendste Element des Kindergartenalltags ansehen, geben damit der kindereigenen Spielinszenierung den ihr gebührenden Raum.

Die Bedeutung des kindlichen Spiels liegt jedoch immer in dem persönlichen Bedürfnis des einzelnen Kindes. Es ist für die Erzieherin schwer, dieses Bedürfnis zu erkennen und dem Kind dabei zu helfen, das ihm gemäße Spiel zu finden oder an dem Spiel teilnehmen zu können, das für das jeweilige Kind gerade jetzt von besonderer Bedeutung ist. Vor allem wenn man die geschlechtsspezifische Komponente beachten möchte, ist es oft nicht einfach, die Bedürfnisse von einzelnen Kindern oder einer Gruppe zuzulassen, wenn diese Bedürfnisse andere Kinder oder eine andere Spielgruppe behindern.

Die verschiedenen Ausdrucksformen einer eigenen Kinderkultur sind immer auch für die geschlechtsspezifischen Erfahrungen von Kindern bedeutsam. Kinder benötigen verständnisvolle Erzieher, die ihnen für ihre eigenen Spielinszenierungen Räume und Möglichkeiten zur Verfügung stellen, die ihnen Erfahrungen vielfältiger Art auf ihre eigene ihnen kindgemäße Art machen lassen. Kinder brauchen dafür Materialien, Räume und Spielkameraden. Im Kindergarten ist es unsere Aufgabe, ihnen diese zur Verfügung zu stellen.

Die Selbstsozialisation der Kinder in geschlechtsspezifischer Weise erfolgt in der Kindergruppe. Das kann eine gleichgeschlechtliche, geschlechtsgemischte oder eine gleichaltrige Gruppe sein, oder eine von Kindern verschiedener Altersstufen. Ob das kindliche Rollenverständnis verstärkt oder abgeschwächt wird, hängt mit den Erfahrungen in der Kindergruppe zusammen.

Die Erzieherin hat nur ganz geringe Möglichkeiten durch behutsames Lenken oder Eingreifen, Impulse für neue Erfahrungen zu setzen. Die meist unbewusst aufgenommenen „Botschaften" für geschlechtsspezifische Verhaltensweisen verstärken in der Regel das eingeprägte Rollenklischee des Kindes. Jungen schenken Jungen, die dem männlichen Rollenklischee ähnlich sind, besondere Aufmerksamkeit und Mädchen belohnen Mädchen, die das weibliche Rollenklischee leben.

Kinder leben nach vereinfachten Schemata. Das bedeutet in geschlechtsspezifischer Hinsicht, dass sie die Sicherheit von Rollenklischees zur Entwicklung ihrer Geschlechtsrolle zunächst benötigen. Erst die Sicherheit der eigenen Geschlechtsidentität erlaubt dann auch eine Veränderung.

4.3 Bilderbücher und Geschichten

In jedem Kindergarten gibt es viele Bilderbücher. Die Erzieherin erzählt Geschichten oder unterhält sich mit den Kindern im Stuhlkreis über bestimmte Themen. Grundelemente dieser Art des Gedankenaustausches sind Sprache und Bilder. Kindergartenkinder denken in Bildern, da sie die Schriftsprache noch nicht beherrschen. Auch Buchstaben sind zunächst Bilder für die Kinder.

Nach welchen Kriterien sucht eine Erzieherin Bilderbücher und Geschichten für die Kinder aus? In der Ausbildung hat sie gelernt, was Sprache für Kinder bedeutet, wie wichtig die „richtige" Spracherziehung ist, welche Elemente für eine gelingende Erziehungsarbeit zu einer sprachlichen Weiterentwicklung nötig sind. Auch die Auswahlkriterien für Bilderbücher sind der Erzieherin bekannt. Bei allen pädagogischen Überlegungen geht sie bei der Auswahl von Bilderbüchern oder dem Erzählen von Geschichten von ihrem gelernten Hintergrund aus. Sie wählt aber auch Bilderbücher aus, die sie besonders ansprechend findet oder die die Lebenssituation „ihrer" Kinder widerspiegelt.

Die geschlechtsspezifische Komponente spielt dabei kaum oder doch eine sehr untergeordnete Rolle. Dennoch sind mit dem Betrachten von Bilderbüchern oder dem Erzählen von Geschichten vielfältige Informationen über geschlechtsspezifische Verhaltensweisen verbunden. Bilderbücher können in verschiedene Gruppen eingeteilt werden:

Sie bilden die das Kind umgebende Welt ab: Bilderbücher, die die reale Umwelt des Kindes zeigen, sind sehr beliebt. Kinder können darin Dinge aus ihrer Umgebung wiederfinden, ihren Wortschatz erweitern und festigen, Sicherheit im Umgang mit den alltäglichen Dingen gewinnen.

Jungen und Mädchen werden dort dargestellt, wie sich die Kinder auch selbst erleben. Jungen werden im Bilderbuch und in Alltagsgeschichten häufig noch als aktiver geschildert. Mut und Abenteuerlust werden meist mit Jungengestalten verbunden und Arbeiten, die gefährlich sind oder körperlichen Einsatz verlangen, werden von Männern verrichtet.

Mädchen sind äußerlich durch schmückende Merkmale gekennzeichnet, zum Beispiel einem Kettchen, einer besonderen Frisur oder auch nur durch eine Tätigkeit, bei der sie in Entscheidungen von männlichen Personen unterstützt werden. Sie sind in der Regel die passivere Person, werden kleinen Kindern zugeordnet und übernehmen die Mutterrolle. Frauen werden in den realistischen Bilderbüchern meist ebenso als hübscher oder sozial zugewandter dargestellt. Ursula Scheu (1977), die sich bereits vor 20 Jahren mit dem Bilderbuch als Instrument der Geschlechtsrollenfixierung beschäftigt hat, kommt zu dem Ergebnis, dass Mädchen durch Bilderbücherdarstellungen in ihrem Selbstwertgefühl eingeschränkt, Jungen ermutigt werden, Neues zu wagen und Mädchen und Frauen gegenüber eine negative Einstellung entwickeln. Wir brauchen Bilderbücher, die die reale Welt des Kindes abbilden. Dennoch dürfen wir die Wirkung der Rollenklischees, die dort unbewusst mitgeteilt werden, nicht unterschätzen. Kinder lernen am Modell, das ihnen ein Bilderbuch bietet. Sie erfahren im Bilderbuch, worin sich Männer und Frauen, Jungen und Mädchen zu unterscheiden haben. Jede Zeit hatte und hat ihre eigenen Bilderbücher. Es ist interessant, Bilderbücher aus verschiedenen Zeiten vor dem geschlechtsspezifischen Hintergrund anzuschauen. Beim Vergleich mit Bilderbüchern aus der Nachkriegszeit und den 80er Jahren werden dabei durchaus positive Entwicklungen in Bezug auf die Geschlechtsrolle bemerkt.

Bilderbücher mit phantastischem Inhalt: Kinder mögen Bilderbücher, in denen sie mit ihrer Phantasie spazieren gehen können. Eine phantastische Landschaft, Tiere, die sprechen können, Maschinen, die Unmögliches möglich machen, Menschen und Tiere mit Zauberkräften ausgestattet, das alles ist für Kinder deshalb so interessant, weil auch sie schon mit den Erfahrungen von Unmöglichkeiten und Beschränktheiten konfrontiert sind und noch mehr als Erwachsene ihre eigenen Ohnmachtsgefühle erleben. Bilderbücher, die relativ neu auf dem Markt sind und Jungen oder Mädchen, Männer oder Frauen in einer Rolle zeigen, die das Kind in seiner eigenen Umgebung nicht kennt, mögen für Kinder auch solche Phantasiegeschichten sein. Sicherlich zeigen sie auch neue Aspekte der Wirklichkeit, wenn z. B. ein Mädchen gezeigt wird, das fürchterlich wütend werden kann und damit aus der ihm vorgeschriebenen „weiblichen" Rolle herausfällt. Auch Mädchen wird inzwischen solches eigentlich jungenhaftes Rollenverhalten zugestanden. Dennoch halte ich es für kritisch, wenn ein offensichtlich negatives aggressives Verhalten für Mädchen als erstrebenswert proklamiert wird. Astrid Lindgren hat in ihrer Geschichte der Pippi Langstrumpf eine humorvolle Form gefunden, wie Mädchenemanzipation aussieht, aber auch nicht verheimlicht, dass damit Einschränkungen verbunden sind.

Phantastische Bilderbücher und Geschichten dienen dazu, dass Kinder Utopien von Wirklichkeit entwickeln können, über ihr eigenes Leben nachdenken lernen, ihre Ohnmacht für eine kleine Weile mit Macht vertauschen und dabei ihr Selbstwertgefühl stärken können. Dies gilt für Jungen und Mädchen gleichermaßen.

Bilderbücher aus fremden Ländern: In Bezug auf die Geschlechtsrolle von Kindern sind Bilderbücher und Geschichten aus anderen Ländern oder Erdteilen sehr wertvoll. Dort sind ganz andere geschlechtstypische Verhaltensweisen üblich. Gespräche über Jungen- und Mädchenverhalten, über Tätigkeiten von Männern und Frauen können anhand solcher Bilderbücher recht aufschlussreich sein. Eine Veränderung der eigenen Einstellung ist über diese Geschichten unbewusst leicht zu erreichen.

Bilderbücher werden von den Kindern gerne alleine angesehen. Kinder suchen sich Bilderbücher, wenn sie sich einmal zurückziehen möchten und ihren Gedanken Raum geben wollen. Im Kindergarten sind sie unentbehrlich.

Bilderbücher geben ein bestimmtes Rollenverhalten vor, können somit Rollenklischees unterstützen oder ein erweitertes Rollenverständnis fördern. Wenn auch unbewusst, wird immer wieder durch Geschichten und Bilderbücher die eigene Geschlechtsrollenidentität hinterfragt, überprüft und verfestigt. Wenn die Erzieherin im Stuhlkreis Geschichten erzählt oder mit den Kindern über bestimmte Sachthemen spricht, so wird sie dabei die Rückmeldung der Kinder unmittelbar erleben, anders, als dies beim Betrachten von Bilderbüchern der Fall ist. Sie muss deshalb den Bestand von Bilderbüchern auch auf geschlechtsspezifische Aspekte hin auswählen. Eine gute Möglichkeit ist es, die einzelnen Bilderbücher gemeinsam mit den Kinder anzusehen und durch Gespräche auch den geschlechtsspezifischen Aspekt zu thematisieren.

Erzieherinnen haben eigene geschlechtsspezifische Erfahrungen, sie suchen vor dem eigenen Hintergrund die Bilderbücher für den Kindergarten aus. Um eine Hilfestellung für die eigene Reflexion zu bekommen, sollte sie Bilderbücher unter folgenden Gesichtspunkten auf die darin enthaltenen geschlechts-spezifischen Rollenverteilungen und Rollenklischees betrachten:

Rollenverteilung: Wie sind die Rollen im Bilderbuch auf männliche und weibliche Personen verteilt? Wer wird als mächtiger oder ohnmächtiger dargestellt, wer ist in führender, wer in dienender Funktion zu sehen?

Ein Beispiel aus dem Bilderbuch „Große, kleine Welt" aus dem Jahr 1975 macht die traditionelle Rollenverteilung in einer Straßenszene deutlich: Die Szene zeigt einen Polizisten, einen Motorradfahrer, zwei Autofahrer und ein Feuerwehrauto. Die männlichen Personen haben wichtige Aufgaben zu erfüllen. Die beiden Frauen auf dem Bild sind beim Einkaufen, die eine Frau hat ihre Zwillinge an der Hand, die andere ist bei einem Mann untergehakt. Die Verkäuferin bedient einen Mann beim Einkaufen.

Tierdarstellungen: Auch bei Tierdarstellungen wird eine Rollenverteilung festgelegt. Welche männlichen und welche weiblichen Tiere sind dargestellt? Welche Rolle übernehmen diese Tiere innerhalb der Geschichte? Häufig ist uns das nicht bewusst, wenn aber bei Tieren nicht dabeisteht, ob es sich um ein männliches oder weibliches Tier handelt, so verbindet ein Großteil der Menschen damit entweder eine weibliche oder männliche Rolle, wie ein Beispiel zeigt: Schafe, Kühe und Schweine gehören zu der Gattung der weiblichen Tiere, es werden auch meist nur die weiblichen Tiere dieser Art gezeigt, so zum Beispiel die Kuh, die Milch gibt, das Schwein mit den Ferkeln oder Schafe auf der Wiese, die von Hunden bewacht werden. Die als männlich empfundenen Tiere haben oft eine besondere Stellung oder Aufgabe. Dies gilt zum Beispiel für Pferde, Hunde oder Löwen. In vielen Bilderbüchern werden inzwischen ganze Tierfamilien gezeigt. Dann können wir am Verhalten des einzelnen Tieres ablesen, ob eine bestimmte Rollenfixierung damit verbunden ist.

Räume: Die Umgebung, in der sich die Figuren des Bilderbuches bewegen, sind für den geschlechtsspezifischen Aspekt aufschlussreich. Wenn eine häusliche Szene dargestellt wird, so sind dort vornehmlich Frauen tätig und die Mädchen sind ihnen zugeordnet. Männer bewegen sich in öffentlichen Räumen oder arbeiten draußen. Auch Jungen sind meist eher auf der Straße oder beim Spiel im Garten zu sehen als im Haus. So werden Mädchen kaum in der Nähe von gefährlichen Plätzen zu beobachten sein und wenn sie sich dort befinden, sind Erwachsene oder Jungen in der Nähe, um sie notfalls zu schützen. Als Beispiel sei das oben erwähnte Bilderbuch genannt. Es wird eine Badesituation dargestellt. Eine Mutter ist mit ihren beiden Kindern im Schwimmbad. Der Junge steht souverän neben dem Schwimmbassin, das Mädchen trägt einen Schwimmgürtel und wird zusätzlich noch von der Mutter an der Schulter gefasst.

Spiel und Arbeit: Auch hier gilt, dass Frauen und Mädchen oft geschlechtstypische Arbeiten verrichten. Sie werden bei der Gartenarbeit, bei Hausarbeiten, beim Kochen oder Waschen gezeigt. Mädchen beim Sandspielen werden mit kleinen Eimerchen und Schäufelchen dargestellt. Jungen spritzen mit einem Wasserschlauch herum, da bei der Feuerwehr meistens mehr Männer arbeiten.

In manchen Bilderbüchern gibt es die so genannte „Frauenquote". Um sichtbar zu machen, dass andere Rollenverteilungen denkbar sind, werden hin und wieder auch Frauen bei Männertätigkeiten gezeigt. Wenn Frauen und Männer gemeinsam arbeiten, so zeigt die Darstellung von Männer und Frauen oft aber eine Ungleichheit von Macht oder eine Unterordnung von Frauen. Hilfstätigkeiten führen in den meisten Fällen Frauen aus, beispielsweise als Ärztin und Sprechstundenhilfe, Anwältin und Sekretärin. Gesellschaftlich wenig anerkannte Arbeiten, wie Putzen oder Zuarbeiten) sind auch im Bilderbuch vorwiegend Frauensache.

Familienbilder: Der Familienalltag – gerade bei kleinen Kindern – wird noch häufig von Frauen bestimmt. Frauen bringen die Kinder in den Kindergarten und in die Schule, sie kochen und putzen, bereiten die Mahlzeiten vor, kaufen ein und beschäftigen sich mit den Kindern in der Freizeit. Kinder sehen sich diese Bilderbücher gerne an, vergleichen darin ihren Alltag und legen die Bücher auf die Seite, wenn sie ihren Erfahrungen widersprechen. Die Familienerfahrungen sind für Kindergartenkinder in Bezug auf die Geschlechtsrolle wichtig und werden auch in Bilderbüchern oder Gesprächen im Stuhlkreis gerne thematisiert (und überprüft).

Alexander setzt sich mit einem Bilderbuch in die Kuschelecke und bleibt dort eine ganze Weile sitzen. Katrin möchte das Bilderbuch, das Alexander gerade aufmerksam betrachtet, auch haben und gesellt sich zu ihm. Da weist Alexander Katrin auf den dargestellten Mann hin, der zu Hause arbeitet, während die Mutter im Büro ist. „Siehst du Katrin, mein Papa braucht nicht daheim bleiben, der ist nicht arbeitslos", sagt er zu ihr.

Die Umkehrung der Geschlechtsrollen, wie sie in diesem Bilderbuch gezeigt werden sollte, wird von Alexander ganz anders interpretiert. Ein Mann, der nicht zur Arbeit geht, ist für ihn eben arbeitslos.

Kleidung: Kleidung wird von Kindern als wesentliches Geschlechtsmerkmal betrachtet. Frauen werden durch Kleider und Röcke und langen Haaren kenntlich, Männer durch Hüte, Anzüge, Arbeitshosen oder Uniformen (Feuerwehr, Polizei). Mädchen erkennt man an Zöpfchen,

Schleifchen und Kleidchen mit Rüschen, wenn sie mit Hosen dargestellt werden, so bekommen sie besondere Ausschmückungen in Form von Rüschen oder weiblichen (rosa) Farben, die Jungen dagegen bekommen Hosen mit männlichen (blauen/braunen/grünen) Farben. Sie tragen oft noch „Werkzeuge" (Stöcke, Schaufeln) mit sich und zeigen auch durch schmutzig gewordene Kleidung, dass sie wichtige Arbeiten verrichten. Mädchenkleider sind für Jungendarstellungen ungeeignet.

Berufsrollen: Die Darstellung von Berufen in Bilderbüchern ist sehr beliebt. Kinder können dort ein Bild ihrer eigenen späteren beruflichen Laufbahn erwerben. Woher kommt wohl heute noch der Wunsch der Buben nach dem Beruf des Lokomotivführers? Die väterliche Berufstätigkeit (auch die mütterliche) ist für Kinder meist nicht real erlebbar. So beziehen sie ihre Informationen vielfach über die Bilderbücher. Welche Berufe üben die Frauen, welche die Männer in den Bilderbüchern aus?

Die Veränderungen in der Berufswelt schlagen sich in den Bilderbüchern von heute teilweise auch schon nieder. Es gibt Frauen als Ärztinnen und Busfahrerinnen. In der Hauptsache jedoch werden sie als Krankenschwestern, Erzieherinnen, Lehrerinnen, Arzthelferinnen und Friseurin dargestellt. Die männlichen Entsprechungen finden sich dagegen selten. Männer werden in Berufen dargestellt, die Macht demonstrieren, wie Bauführer, Baggerfahrer (mächtige Maschinen sind ihnen zu Diensten), Unternehmer und Flugkapitäne.

Die Berufe von Großvätern und Großmüttern kommen noch kaum in Bilderbüchern vor, obwohl Großväter und Großmütter von heute vielfältige berufliche Tätigkeitsfelder ausfüllen.

Darstellung von Gefühlen in Bilderbüchern: Probleme, Gefühle, Beziehungen findet man in den Bilderbuchdarstellungen häufig. Kinder, die weinen, Mütter, die trösten, Jungen, die Mädchen beschützen und Männer, die zornig sind oder trotz großer Anspannung keine Gefühle zeigen. Das alles können wir in bildhafter Weise sehen. Auch da werden geschlechtstypische Verhaltensweisen gezeigt. Kinder lernen dabei, dass bestimmte Gefühle nur Frauen oder Mädchen zeigen dürfen, dass Männer ihre Gefühle verbergen müssen oder aber mit Zorn und Aggressionen reagieren können. Männern und Jungen steht lediglich die Rolle des Beschützers, aber nicht die Rolle des von Frauen oder Mädchen Abhängigen zu. Während Mädchen und Frauen sich Männern und Jungen zuwenden und mit ihnen zusammen etwas tun, werden Jungen oft zusammen mit Jungen beim Spiel gezeigt. Die Mädchen sehen dann zu oder werden eventuell als Einzelne geduldet.

Die Botschaften, die Kindern in Bildern mitgeteilt werden, sind für sie sehr eindrucksvoll. Sie bestimmen den Umgang mit Jungen und Mädchen, mit Erwachsenen beiderlei Geschlechts mit, ohne dass es den Kindern bewusst wird. Und gerade die unbewusst vermittelten Wert- und Weltbilder sind nur schwer veränderbar. Für die Erzieherin ist es deshalb wichtig, um diese unbewussten Anteile zu wissen und sie durch begleitende Gespräche „sichtbar" zu machen. Bilderbücher in den Kindergärten sollten überprüft werden, welche Werte damit den Kindern weitergegeben werden. In jedem Kindergarten sollten Bilderbücher verschiedener Art vorhanden sein:

- Bilderbücher, die geschlechtstypische Verhaltensweisen zeigen, die Sicherheit des eigenen Verhaltens

unterstreichen, aber auch zum Nachdenken anregen können,
- Bilderbücher mit umgekehrten Rollenzuweisungen (Hausmann, alleinerziehender Vater u. ä.), die Erfahrungen einzelner Kinder thematisieren und für weitere Gespräche fruchtbar sein können und
- Bilderbücher, die ohne geschlechtsspezifische Zuweisungen arbeiten. Dazu gehören viele Sachbücher und informativen Bilderbücher.

Jeder Kindergarten sollte den eigenen Bestand überprüfen, Bilderbuchneuanschaffungen auch vor dem geschlechtsspezifischen Hintergrund planen und immer wieder den vorhandenen Bilderbuchbestand mit den Kindern zusammen ansehen, um die Kommentare der Kinder zu hören, sie ernst zu nehmen und die Kinder neue Erfahrungsmöglichkeiten mit anderen Aspekten machen zu lassen. Das Gespräch sollte die eigene Bilderbuchbetrachtung der Kinder ergänzen. Dies kann auch geschehen, wenn die Erzieherin sich mit einzelnen Kindern oder einer Kleingruppe zur Bilderbuchbetrachtung zusammensetzt.

Bilderbücher, die Rollenklischees transportieren, können besonders geeignet sein, Rollenklischees zu hinterfragen. Es wäre aber nötig, einen Querschnitt verschiedener Bilderbücher für die Freispielzeit anzubieten. Dann können Kinder selbst entscheiden, welche Bilderbücher ihnen besonders zusagen und die Erzieherin kann aufgrund der Wahl der Kinder versuchen, mit ihnen ins Gespräch zu kommen. Welche Geschlechtsrollen sollten in den Bilderbüchern vorkommen?

Solche, bei denen die Kinder ihre eigene Familiensituation repräsentiert sehen. Das bedeutet, dass sowohl herkömmliche als auch alternative Beziehungsmuster für die Kinder zum „Spiegeln" der eigenen Situation zur Verfügung stehen sollten. Alternative, nicht in der Kindergruppe repräsentierte Familienformen könnten die Kinder verunsichern und sollten nicht ohne besondere Einführung frei für die Kinder im Kindergarten zugänglich sein. Sie können aber auch zum Nachdenken und zur Toleranz anregen.

Alternative Jungen- und Mädchenbilder, in denen Jungen und Mädchen eigene Bedürfnisse wiedererkennen und sich selbst zugestehen dürfen.

Bilderbücher mit traditioneller Rollenverteilung finden sich häufig in den Einrichtungen, da sie für die Kinder wichtig sind. Sie geben nämlich die eigene Situation oft sehr wirklichkeitsgetreu wieder und zeigen den Kindern auch das Bild von der Welt, wie sie sich in der Hauptsache darstellt und macht sie mit vielerlei Dingen ihrer Umgebung vertraut. Für die Reflexion der eigenen Situation und dem bekannt werden mit neuen Lebenswelten, Dingen und Tieren sowie sozialen Lebenszusammenhängen und Problemen der kindlichen Welt sind sie gut geeignet. Jedes Bilderbuch sollte allerdings, bevor es den Kindern zur freien Verfügung gegeben wird, von der Erzieherin „eingeführt" werden. Jeder Kindergarten muss bei einer Neuanschaffung die Lebenswelt der Kinder berücksichtigen und sich an ihr auch bei der Anschaffung von Bilderbüchern orientieren:

Bilderbücher, in denen es um Kontakte und Freundschaften zwischen den Geschlechtern und Generationen geht: Es ist wichtig, dass Kinder Kontakte zu anderen Menschen erfahren. Ob es sich dabei um generationsübergreifende oder geschlechtsübergreifende Freundschaften handelt – immer kann dabei auch die eigene Vorstellung überdacht und das Selbstkonzept verändert werden.

Bilderbücher mit entgegengesetzter Rollenverteilung: Gegensätzliches Rollenverhalten macht den Kindern Spaß, sie verkleiden sich gerne und spielen verschiedene Rollen durch. Deshalb sind diese Bilderbücher zunächst nichts anderes als eine Anregung dazu, auch einmal eine neue Rolle auszuprobieren. Für Jungen ist es schwierig, in die Mädchenrolle zu schlüpfen. Das gelingt höchstens, wenn eine wichtige Person, wie z. B. Pippi Langstrumpf, nachgespielt werden kann. Als Anregungen für Rollenspiele können deshalb die Bilderbücher mit anderem als dem gewohnten Verhalten dienen. Aber auch Veränderungen in der Umwelt der Kinder können besser wahrgenommen werden, wenn Rollenklischees in den Bilderbüchern aufgebrochen werden und eventuell sogar umgekehrt werden.

Bilderbücher hauptsächlich für Jungen: Hierher gehören Bilderbücher, die Jungen dabei unterstützen, ihr Verständnis vom „Mannsein" zu erweitern. Es sollte sich in diesen Geschichten um Jungen und Männer handeln, die „männliche" Züge aufweisen, aber dennoch sensibel und individuell handeln. Jungen können dabei andere Formen vom „Mannsein" in ihr eigenes Selbstverständnis integrieren. Dies ist umso wichtiger, da die Jungengruppe kaum Möglichkeiten für ein individuelles Rollenverständnis bietet und Männer in der Regel in den Einrichtungen nicht vorhanden sind, um daran das eigene Geschlechtsverständnis ausrichten zu können.

Bilderbücher hauptsächlich für Mädchen: Starke Mädchen, Mädchen, die traditionelle Rollenmuster vertreten, Mädchen, die mit Jungen und Männern zusammen neue Rollenverteilungen erproben, könnten die Aspekte für die Auswahl gelungener Mädchenbilderbücher sein. Mädchen sollten erfahren, dass sie ihr Verhalten nicht an irgendwelchen Vorstellungen ausrichten müssen, die ihnen vorgegeben werden, sondern, dass sie alle ihre Fähigkeiten ausprägen dürfen. Stark und durchsetzungsfähig zu sein, sich auch aggressiv benehmen zu dürfen sind beispielsweise Formen, die in diesen Bilderbüchern auch Mädchen zugestanden werden.

Bilderbücher aus fremden Ländern und Kulturen: Dazu gehören die zahlreichen Fotobilderbücher über das Leben von Kindern in fremden Ländern, die es in jedem Kindergarten gibt. Ebenso sollten aber Bilderbücher im Kindergarten vorhanden sein, in denen das Zusammenleben mit den hier wohnenden ausländischen Kindern zum Thema gemacht wird.

Kinder spielen zwar meist zwanglos miteinander. Wenn sie sich aber nach dem Kindergarten verabreden wollen, gibt das häufig Konflikte mit den eigenen oder den ausländischen Familien. Leider sind augenblicklich kaum Bilderbücher zu diesem Thema auf dem Markt, sondern lediglich in Bibliotheken anzutreffen.

Bilderbücher wirken hauptsächlich durch die Bildaussagen. Aber auch die darin vorkommenden Reime werden von Kindern gerne nachgesprochen und Kinder „lesen" den anderen Kindern die Bildergeschichten gerne vor und können den Text oft sehr genau auswendig hersagen. Die Sprache der Bilderbücher und die Sprache der Geschichten, die wir erzählen, prägt sich dem Kind ein. Je älter das Kind wird, desto wichtiger wird die Sprache und die Ausdrucksmöglichkeit durch das gesprochene Wort.

4.4 Reime und Lieder

Was wäre der Kindergartenalltag ohne Fingerspiele, Reime, Lieder und Kreisspiele? Für Kinder sind diese sprachlich unterstützten Ausdrucksformen deshalb so wichtig, weil sie kognitive mit kreativen und psychomotorischen Elementen verbinden. Jede Erzieherin lernt in der Ausbildung, dass Kinder im Kindergartenalter vielfältige Lernerfahrungen machen müssen.

Beim Betrachten eines Bilderbuches, beim Erzählen einer Geschichte werden die Situationen mit „Händen und Füßen" begleitet. Kinder sitzen selten ganz still da, sie kommentieren ihre Gefühle, die die Geschichte in ihnen auslöst mit vielfältigen körperlichen Bewegungen. Die Erzieherin sollte die Kinder deshalb nicht ermahnen, beim Betrachten eines Bilderbuches oder dem Erzählen einer Geschichte ruhig zu sitzen und Hände und Füße nicht zu bewegen. Besonders hyperaktiven Kindern fällt das Stillsitzen schwer und die Erzieherin sollte immer Möglichkeiten eröffnen, den Gefühlen der Kinder auch durch Bewegungsmöglichkeiten Ausdruck verleihen zu können. Beim Erzählen von Geschichten können gleichzeitig oder anschließend die Rollen der in der Geschichte vorkommenden Figuren von Kindern übernommen werden.

Fingerspiele bezaubern durch einfache Bewegungen und eine klare, leicht auswendig zu lernende Sprache. Schon ganz kleine Kinder kriegen gar nicht genug davon. Dem Bewegungsbedürfnis der Kinder und der Freude an humorvoll unterlegter Sprache kommen die Fingerspiele entgegen. Fingerspiele mit festgefügten Geschlechtsrollen sind eher selten. Dennoch werden auch dabei Aussagen über Jungen und Mädchen von den Kindern wahrgenommen und unbewusst in ihr eigenes Selbstbild integriert.

Kreisspiele sind für Kindergartenkinder geeignet, in der Gruppe gemeinsame Bewegungserfahrungen zu machen. Sie müssen dabei aber auch lernen, anderen Kindern gegenüber zurückzustehen oder „in den Kreis" zu treten.

Wichtige soziale Erfahrungen sind dabei für Mädchen

und Jungen möglich. Die Erzieherin wird manchmal dazu neigen, den besonders aktiven Kindern, Jungen und Mädchen die gewünschten Rollen zu übergeben. Gerade für schüchterne Kinder ist es aber notwendig, dass sie durch das Heraustreten aus der Gruppe ihr Selbstwertgefühl stärken können und sich nach und nach mehr zutrauen.

Da das Kreisspiel festen Regeln folgt, aber auch individuelle Möglichkeiten der Umsetzung erlaubt, gibt es bei dieser Spielform vielfältige Ansätze, um unterschiedliche Geschlechtsrollen auszuprobieren. In Kreisspielen werden von Jungen Mädchenrollen und von Mädchen Jungenrollen oft leichter übernommen als im freien Rollenspiel. Diese Chancen sollten sich Erzieherinnen nicht entgehen lassen und Kreisspiele vor allem mit der Verteilung von Geschlechtsrollen (Prinz, Prinzessin, Bär als männliche Figur, Schmetterling als weibliche Figur) in den Alltag integrieren.

Im Kindergarten gesungenen Lieder enthalten ebenso versteckte Rollenklischees, die den Erzieherinnen oft gar nicht bewusst werden. So sollte bei der Auswahl der Lieder auch darauf geachtet werden, dass das Thema „Geschlecht" darin nicht ausschließlich klischeehaft vorkommt. Wie schon mehrfach angeklungen, gibt es auch für Tierfiguren männliche und weibliche Aspekte, Blumen werden in der Regel als „weiblich" definiert, Fahrzeuge dagegen als „männlich".

Natürlich ist es nicht notwendig, alle Aktivitäten im Kindergarten ausschließlich vor dem geschlechtsspezifischen Hintergrund zu sehen. Aber es muss der Erzieherin bewusst sein, dass alles Lernen und Spielen auch eine geschlechtsspezifische Komponente beinhaltet. Wie sie auf die Sprache der Lieder und Geschichten achten sollte, so darf sie auch die Wirkung der geschlechtsspezifischen Aussagen darin nicht unterschätzen.

4.5 Rollenspiele

In Rollenspielen haben Kinder die Möglichkeit, die sie umgebende Welt nachzuspielen. Sie können Wünsche nach einer bestimmten Rollenübernahme ausprobieren, aber auch ganz neue Rollenmuster erfinden. Wie schon mehrfach angeklungen, leben Kinder in einer eigenen Welt, in der Wirklichkeit und Wunschdenken noch nicht streng getrennt sind. Gerade in den spontan entstehenden Rollenspielen können sie Gefühle wiederbeleben, Ängste ausleben und Wünsche thematisieren. Die Erzieherin kann gerade Rollenspiele vor dem Hintergrund der geschlechtsspezifischen Erfahrungen und Wünsche der Kinder beobachten. Dabei kann sie folgenden Fragen nachgehen:

- Welche Rolle übernimmt ein Kind besonders häufig?
- Spielt es lieber weibliche oder männliche Rollen?
- Wie erlebe ich dieses Kind beim Rollenspiel, verändert es sich dabei? (Stimme, Mimik, Gestik)
- Spielt das Kind eine Phantasiefigur oder ahmt es lebende Vorbilder nach?
- Welche Gefühle werden sichtbar?
- Welche Wünsche können abgelesen werden?

Wenn die Erzieherin Kinder beim Rollenspiel beobachtet, so stellt sie fest, dass Mädchen sich gerne als Prinzessin oder als Mutter verkleiden. Sie probieren die ihnen als Erwachsenen zugedachte Rollen aus, versuchen aber auch dem Ideal nach Schönheit nahe zu kommen.

Petra, 5 Jahre alt, spielt in der Puppenecke mit 2 kleineren Mädchen und einem Jungen, 4 Jahre alt. Als die Erzieherin fragt, ob sie zu Besuch kommen darf, sagt Petra, dass sie hereinkommen und sich an den Tisch setzen soll. Das Essen sei gleich fertig. Zu Pia, 4 Jahre alt, gewandt sagt sie, dass sie für eine weitere Person decken solle. Dazwischen geht Petra an den „Herd" um die Suppe umzurühren. Dann kontrolliert sie, ob Pia auch richtig gedeckt hat und schiebt die Teller noch einmal in eine geordnete Position.

Jetzt sagt sie zu Jutta, 3 Jahre alt, sie soll das Baby in der Wiege schlafen lassen, da es jetzt erst einmal Essen für die Erwachsenen gäbe. Zu Klaus, der die ganze Zeit untätig in der Ecke gesessen hatte, meint sie, er solle nun an den Tisch kommen, es gäbe jetzt Essen. Beim „Essen" ermahnt sie ihre „Kinder" Pia und Jutta, den Teller leer zu essen. Klaus wird von ihr ständig ermahnt ruhig zu sitzen und nicht zu kleckern. Nach dem „Essen" wird Klaus auf die Arbeit geschickt (er spielt anscheinend den Vater, was jetzt erst sichtbar wird) und die „Kinder" müssen den Tisch abräumen, während Petra „abspült".

Solche Szenen können im Kindergarten fast täglich beobachtet werden. Mädchen spielen ihre Mütter nach und gebrauchen dabei häufig dieselben Redewendungen, die sie zu Hause hören. Die Rolle des Vaters ist eine unbestimmte, die vor allem oft durch Passivität auffällt. Die Organisation in der Familie übernimmt die Mutter und verteilt die Rollen (auch ihre eigene).

Jungen dagegen thematisieren in ihren Rollenspielen die männliche Erwartungshaltung. Aufenanger (100) schildert eine Kindergartensituation so:

Ein 4-jähriger Junge kommt jeden Morgen relativ verschlossen in den Kindergarten, isst stumm sein Frühstück, sieht den anderen Kindern zu. Nach einiger Zeit geht er an sein Fach, holt sich einen Cowboyhut und geht mit wiegendem Gang auf die anderen Kinder zu, er beginnt mit ihnen zu spielen. Als „Lucky Luke" bewältigt er den für ihn schwierigen Beginn des Kindergartenalltags.

Jungen merken, dass von ihnen eine souveräne Haltung verlangt wird, dass sie besser, größer, stärker sein sollten als sie sind. Sie thematisieren dies vielfältig in ihren Rollenspielen. Gefühle von Machtlosigkeit oder Unsicherheit werden überspielt, selbst zu anderen Jungen muss eine Konkurrenz hergestellt werden. Jungen übertrumpfen andere Jungen, indem sie größere Waffen herstellen, lauter schreien, sich mit Statussymbolen ausrüsten.

Kleinere Jungen fühlen sich in der Puppenecke bei den Mädchen oft wohler als in der Jungengruppe. Dort werden sie entweder „in Ruhe gelassen" oder dürfen kleine Aufgaben übernehmen. Auch große Jungen genießen hin und wieder den „Freiraum", den ihnen das Zusammenspielen mit Mädchen bietet. Obwohl es meistens auch in der Mädchengruppe eine „bestimmende" Person gibt, die die Rollen verteilt, so ist das Konkurrenzdenken dort nicht so stark.

Auffallend bei den Rollenspielen ist auch, dass Mädchen vorwiegend Frauenrollen nachspielen, die sie aus eigenen Erfahrungen kennen. Sie spielen eine Mutter, die Erzieherin oder auch die Verkäuferin im Supermarkt nach. Jungen wissen wenig über männliche Rollen. Sie kennen meist den Beruf ihres Vaters, können auch sagen, wo dieser arbeitet. Wenn eine Erzieherin dann aber nachfragt, was der Vater tut, so müssen die meisten Jungen (und Mädchen) passen. Sie können die Tätigkeit des Vaters weder beschreiben noch nachspielen.

Die männlichen Rollen, die im Kindergarten gespielt werden, sind entweder von mehr oder weniger Passivität gekennzeichnet oder aber von der Nachahmung männlicher Fernsehhelden. Sie repräsentieren für Kinder Männlichkeit. Dies ist vor allem für Jungen enorm wichtig. Deshalb müssen sie auch die entsprechenden Fernsehsendungen gesehen haben um ihre Rolle „richtig" spielen zu können.

Wenn im vorigen Kapitel von Bilderbüchern im Kindergarten die Rede war, so können wir Bilderbücher auch als Anregung für Rollenspiele einsetzen. Männliche und weibliche unterschiedliche Wirklichkeiten gibt es dort. Kinder dürfen diese Rollen ausfüllen und ausprobieren, wie sie sich dabei fühlen.

Kindergartenkinder leben inzwischen in einer Medienwelt, die mit vielerlei Effekten operiert und dadurch besonders „reizvoll" ist. Action ist schon bei kleinen Kindern gefragt, es muss etwas passieren, es muss spannend zugehen. In den letzten Jahren kann man ein Nachlassen der Phantasie bei Rollenspielen beobachten. Es geht zunehmend um Aktion, die entfaltet wird, vor allem in der Jungengruppe. Platz zum Toben muss geschaffen werden, die Kinder brauchen mehr Auslauf und Spielraum, was nicht zuletzt auch mit engeren Wohnverhältnissen und wenig Spielmöglichkeiten auf der Straße zusammenhängt. Rollenspiele werden zum „Aus-Agieren" eingesetzt. Das ist für Erzieherinnen mit Kindergruppen von bis zu 28 Kindern ein großes Problem. Gruppenübergreifende Arbeit kann hierzu nur wenig leisten.

Außenspielflächen werden zunehmend wichtiger, um den Bedürfnissen der Kinder nach großräumigen Rollenspielen entgegenzukommen. Schaukel, Sandkasten und Sitzecke auf einem gepflegten Spielrasen werden diesen Bedürfnissen nicht mehr gerecht. Auch im Garten muss es Ecken und Büsche geben und auch „Fahrzeuge" und „Straßen" sind für Rollenspiele notwendig. Das Einrichten einer „Bewegungsbaustelle", durch die Kinder ihren Spielraum selbst gestalten können, ist eine sinnvolle Ergänzung zu den noch immer beliebten Schaukeln, Klettergerüsten und Sandkästen.

Kinder brauchen sowohl in den Innen- als auch in den Außenräumen des Kindergartens Möglichkeiten, ihre Phantasie zu entwickeln, kreativ eine eigene Spielwelt zu gestalten und dadurch Rollenspiele zu inszenieren, die den Bedürfnissen nach großräumigen Bewegungen entgegenkommen. Die reale Umwelt muss nachgespielt werden können. Wenn dies in der Wohnumgebung des Kindes nicht mehr möglich ist, da entweder zu wenig Spielkameraden im Wohnumfeld vorhanden oder die Verkehrssituation für Kindergartenkinder zu gefährlich ist, so müssen die Kindergärten dieser Tatsache Rechnung tragen.

In Rollenspielen werden Normen und Werte unserer Kultur weitergegeben, Geschlechtsrollenklischees werden verfestigt oder aufgebrochen, je nach den Möglichkeiten, die reale Vorbilder und Phantasiegestalten „zulassen". Im Rollenspiel können neue Rollen ausprobiert werden, Mädchen können Jungenrollen, Jungen Mädchenrollen spielen. Oft ist es für Jungen schwierig, Mädchenrollen zu übernehmen, weil Mädchen für die Jungengruppe eine „niedrigere" Position einnehmen. So wäre es gut, wenn eine „starke Mädchenfigur" zur Nachahmung für Jungen zur Verfügung stände. Dazu sind Geschichten und Bilderbücher eine wertvolle Anregung, damit die Erzieherin solche Rollenspiele initiieren kann. Rollenspiele können also sowohl die wirklich erlebte Welt widerspiegeln, als auch Wünsche und Träume „Wirklichkeit" werden lassen. Die Kinder können neue Rollen erfinden und ausprobieren, ihre Gefühle und Begabungen dabei entdecken und ihr Selbstwertgefühl steigern. Erzieherinnen sollten Rollenspiele der Kinder beobachten und dabei die Bedürfnisse der einzelnen Kinder wahrnehmen.

Aber auch durch das Erzählen von Geschichten, Betrachten von Bilderbüchern oder dem Einsatz von Medien (warum sollten wir uns im Kindergarten nicht auch mal gemeinsam einen Film über Pippi Langstrumpf ansehen?) kann die Erzieherin Rollenspiele initiieren und begleitend „betreuen". Rollenklischees können so aufgebrochen werden und eine geschlechtsspezifische Identität kann dabei erfahrbar und lebbar werden.

4.6 Kleidung für Jungen und Mädchen

Äußere Unterscheidungsmerkmale der Kleidung sind für Kinder sehr wichtig, da sie die geschlechtsspezifischen biologischen Unterschiede zwar kennen, Männer und Frauen, Jungen und Mädchen jedoch meist an der Kleidung unterscheiden.

Kinder sehen Erwachsene und Kinder selten nackt und spüren häufig auch ein Tabu, das mit den Geschlechtsmerkmalen verbunden ist. Da Kinder ein sehr feines Gespür für solche Tabus besitzen, machen sie diese weder in Zeichnungen noch in Gesprächen zum Thema. Dennoch gehört das Zeichnen von Penis oder Brüsten auch zu Kinderzeichnungen. Kinder drücken damit aus, dass sie um diese Merkmale wissen oder sie gerade eben (wieder) neu entdeckt haben. Nur solche Kinder, die ständig Personen mit den biologischen Geschlechtsmerkmalen zeichnen und sich auch sonst eigenartig verhalten, drücken ein bestimmtes Problem damit aus. Es muss sich aber nicht immer um sexuellen Missbrauch handeln. Die Erzieherin sollte diese Kinder jedoch beobachten und das Umfeld des Kindes in ihre Beobachtung einbeziehen.

Früher gab es eine ganz eindeutige Zuordnung der Geschlechter, die sich in der Kleidung ausdrückte. Frauen und Mädchen trugen Röcke und Kleider, Jungen und Männer Hosen. Auch viele Farben waren Männern und Jungen nicht erlaubt. So zum Beispiel Rosa oder Rot, auch andere leuchtende Farben waren bei Jungen- und Männerkleidung äußerst selten.

Heute gibt es bei der Farbgebung kaum Unterschiede. Ist eine Farbe gerade modern, so werden Kleider, Hosen, Röcke, Blusen, Hemden und Sakkos in diesen Farben hergestellt. Mädchen und Frauen tragen heute selbstverständlich Hosen aller Art. Röcke und Kleider sind allerdings Jungen und Männern nach wie vor streng verwehrt. Da das Weibliche in unserer Kultur immer noch als nicht so wertvoll wie Männliches angesehen wird und Männer und Jungen mit weiblichen Dessous gerne als homosexuell eingeschätzt werden, sind sie es auch selbst, die diese ganz eindeutig als Frauenkleidung gekennzeichneten Kleidungsstücke ablehnen. Manchmal äußern kleine Jungen, dass sie gerne Mädchenkleider anziehen möchten. Leider erlauben ihnen dieses Vergnügen nur sehr offene Eltern

Schulkinder unterscheiden sich in ihrer Kleidung nicht mehr so deutlich als dies noch im Kindergarten der Fall ist. Die Kleidung von Schulkindern wird eher unter praktischen Gesichtspunkten ausgesucht, auch Kurzhaarfrisuren lassen uns Mädchen nicht mehr auf den ersten Blick von Jungen unterscheiden.

Wenn eine Erzieherin sich ihre Kinder im Stuhlkreis einmal auf den Aspekt der geschlechtsspezifischen Kleidung hin ansieht, so kann sie entdecken, dass die heutige Mode, in der alles erlaubt ist und viele Stile nebeneinander existieren, nicht unbedingt auf die Zugehörigkeit zu einem bestimmten Geschlecht ausgerichtet ist.

Mädchen werden aber häufig von den Müttern liebevoll mit Zöpfchen und Schleifchen, Rüschchen und Röckchen ausgestattet. Sie selbst stolzieren damit so keck einher, als seien sie gerade siebzehn Jahre alt und wollten einen jungen Mann betören. Allein an der Bewegung lassen sich Jungen und Mädchen oft deutlich unterscheiden.

Jungen werden ihrem Bewegungsbedürfnis entsprechend in praktische Kleidung und festes Schuhwerk gesteckt. Als männliches Zubehör tragen sie statt Schmuck und Schleifchen Stöcke oder Messer bei sich. In ihren Hosentaschen befinden sich „Bubenschätze" wie Schneckenhäuser, Drahtreste, Nägel, Steine oder auch mal ein Regenwurm. Auch sie geben in Kleidung und

Bewegung ein „typisch" männliches Bild ab. Mit weitausladenden Schritten oder fachkundigen Blicken begutachten sie ihre Umgebung.

Jungen und Mädchen sind nicht nur an der Kleidung zu unterscheiden, sie bewegen sich auch unterschiedlich und richten ihre Blicke auf andere Dinge. Ihre Wahrnehmung ist unterschiedlich, ihre Interessen unterscheiden sich bereits im Kindergartenalter deutlich, wie das folgende Beispiel zeigt:

> Tobias saß mit den anderen Kindern im Stuhlkreis. Die Erzieherin erzählte eine Geschichte und hatte eine Videokamera auf die Kindergruppe gerichtet. Obwohl Tobias aufmerksam lauschte, ließ er die Kamera nicht aus den Augen. Plötzlich sagte er laut vor sich hin: „Das Kabel ist nicht eingesteckt." Er hatte entdeckt, dass die Verbindung vom Mikrophon zur Kamera unterbrochen war.

Wie sie laufen, wie sie sich kämmen, wie sie mit den Gegenständen umgehen, wie sie Spielzeug in die Hand nehmen und was sie daraus machen, meist kann die Erzieherin schon von weitem erkennen, ob es sich um einen Jungen oder ein Mädchen handelt.

4.7 Spielzeug

Welches Spielzeug als für Jungen oder Mädchen geeignet angesehen wird, ist in den Spielzeugkatalogen deutlich gekennzeichnet. Jungen und Technik, Mädchen und Puppen, dies sind eindeutig getrennte Bereiche. Daneben gibt es geschlechtsübergreifende Spielsachen. Dazu gehören z. B. Puzzles. Auch der Mal- und Basteltisch wird von Jungen und Mädchen gleichermaßen genutzt, wenn genügend Material zur Konstruktion von „Raketen, Waffen und Maschinen" vorhanden ist. Ansonsten wird der

Maltisch eher als Rückzugsmöglichkeit für kleine Jungen oder als Möglichkeit zum Gestalten von „schönen, harmonischen Mädchenbildern" angesehen.

Welche Vorerfahrungen Kinder bereits mit Spielsachen gemacht haben, zeigt sich im Kindergarten deutlich. Obwohl ihnen dort vielerlei Spielmöglichkeiten geboten werden, und Erzieherinnen sich bemühen, geschlechtsspezifische Bevorzugungen nicht zu unterstützen, so wird bei den Spielsachen die Selbstsozialisation und die Sozialisation der Kindergruppe untereinander besonders deutlich. Dies ist auch im Kapitel über die Gleichaltrigengruppe und das Rollenspiel (siehe Kapitel 4.2 und 4.5) schon sichtbar geworden.

Spielsachen enthalten einen „geheimen Lehrplan", so formuliert es Dieter Geulen (11). Es ist nicht unwichtig, womit Kinder spielen und was sie gerne spielen. Spielzeug ist ein Ausdruck der Kultur, in der wir leben. Es spiegelt die Umwelt wieder, die das Kind umgibt. Computer im Kinderzimmer von Kindergartenkindern sind heute keine Seltenheit. Jungen werden schon im Kleinkindalter an die Errungenschaften der Technik herangeführt und beherrschen die Geräte in den Haushalten sehr früh, egal ob es sich um den Videorecorder oder den Staubsauger handelt. Wenn Mütter Probleme mit einem technischen Gerät haben und ihre Männer nicht zu Hause sind, so kann bereits der kleine Sohn praktische Ratschläge geben.

Im Kindergarten dagegen gibt es wenig technisches Spielzeug. Das schränkt Kinder in ihren Bemühungen, die Welt zu verstehen und sich anzueignen, ein. Alles Spielzeug, was auf dem Markt und in den Kinderzimmern vorgefunden wird, sollte von uns auch im Kindergarten „wahrgenommen" werden. In vielen Kindergärten ist es üblich, dass Kinder eigenes Spielzeug von zu Hause mitbringen dürfen. Möglicherweise könnte dies von Erzieherinnen dazu benützt werden, um Jungen und Mädchen an Spielsachen, die sie selbst nicht besitzen heranzuführen.

Erzieherinnen haben gelernt, was gutes und wertvolles Spielzeug ist. Es geht beim geschlechtsspezifischen Aspekt aber darum, Kindern mit vielerlei Spielsachen auch unterschiedliche Erfahrungen zu ermöglichen. So sollten „Jungenspielsachen" und „Mädchenspielsachen" für Jungen und Mädchen gleichermaßen „erprobt" werden können. Da aber Jungen mehr zu Jungenspielzeug und Mädchen mehr zu Puppen z. B. greifen, bedarf dies unserer besonderen Phantasie, den Kindern die gegengeschlechtliche Spielzeugwelt zu erschließen.

Spiel ist das Abbild der Wirklichkeit. Alles, was die Kinder im Spiel erproben dürfen, trauen sie sich auch in der Wirklichkeit zu. Sie werden neugierig auf Dinge, die sie zuvor ängstlich vermieden haben, werden sicher im Umgang mit untypischen Werkzeugen und lernen spielerisch, dass Jungen und Mädchen alles lernen können, was sie möchten.

In unseren Kindergärten gibt es noch immer zu wenig „Jungenspielzeug". Der Umgang mit Hammer und Säge, mit Bohrer und Feile, mit Schraubenzieher und technischen Geräten ist noch immer die Ausnahme. Sicherlich interessieren sich auch Mädchen für das „Innenleben" eines kaputten Staubsaugers oder Fernsehers. Ein alter, ausgedienter Computer ist zeitweise im Kindergarten als „Spielzeug" eingesetzt eine wichtige Erfahrung für Jungen und Mädchen im Umgang mit der neuen Technologie, mit der alle, Männer und Frauen heute umgehen müssen.

Erzieherinnen müssen sich fragen, welche Bedeutung sie dem kindlichen Spiel beimessen. Wollen sie die Kinder möglichst ruhig beschäftigen, ihnen eine heile Kindergartenwelt bieten, in der „böse" technische Geräte

nichts zu suchen haben? Möchten sie, dass Kinder ruhig spielen und dadurch ihre schon arg strapazierten Nerven schonen? Oder wollen sie, dass Kinder Erfahrungen machen, die sie auf ihre Zukunft und deren Bewältigung vorbereitet? Jammern nicht die meisten Erzieherinnen, dass die großen Buben im Frühjahr vor der Einschulung schon kaum mehr „zu bremsen" sind? Auch den großen Mädchen wird es zunehmend langweiliger, weil sie alle Spielsachen schon kennen. Dennoch können sich diese weiter relativ ruhig beschäftigen.

Kinder im Kindergartenalter sind an allen Zusammenhängen ihre Umwelt interessiert, gleichgültig, ob es sich um physikalische, chemische oder technische Zusammenhänge handelt. Sie wollen experimentieren, selber Zusammenhänge erforschen und herausfinden. Große Kindergruppen, zu wenig Personal, zu wenig Nebenräume, dies alles erschwert solche zusätzlichen Möglichkeiten. Erzieherinnen sind sich zwar bewusst, dass mehr Einsatz an Zeit und Geld erforderlich wären, um den Kindern ein anregenderes Umfeld zu bieten, glauben aber häufig, dass dies mit den finanziellen und räumlichen Vorgaben nicht machbar ist.

Mit etwas mehr Phantasie lassen sich aber in jedem Kindergarten Möglichkeiten schaffen, die Welt des Verkehrs mit Fahrzeugen und Verkehrsschildern „erfahrbar" zu machen, Technik und Werkzeuge aller Art einzuführen, den Kindern durch das Kennenlernen von Arbeitswelten (bei Betriebsbesichtigungen) in die Welt der Erwachsenen Einblick zu verschaffen, bei Spaziergängen Interesse für ökologische Zusammenhänge (z. B. Wasserproben) zu wecken. Im Übrigen ist der BUND (Bund für Umweltschutz) gerne bereit, einen Mitarbeiter auch einmal in den Kindergarten zu schicken. Auch andere Institutionen und Behörden stellen auf Anfrage ihr Wissen zu unserer Verfügung (eventuell auch Geld oder Personal).

Spielsachen und Ausstattung der Kindergärten sind „Grundausstattungen", die nach wie vor wertvoll und gültig für die Arbeit im Kindergarten sind. Da die Kinder immer weniger wirklichkeitsnahe Erfahrungen in ihrem häuslichen Umfeld machen können (die Arbeitswelt der Eltern ist nicht zugänglich, nicht erfahrbar, die Straßen sind gefährlich und die Umweltbedingungen geben zu immer mehr Besorgnis Anlass), müssen wir im Kindergarten mit Phantasie und unter Mithilfe der Eltern oder Institutionen in Form von Geld oder praktischer Hilfe (z.B. einer Fabrik, einer Bank) Möglichkeiten schaffen, den Kindern die sie umgebende Welt zu erschließen und damit auch Chancengleichheit für Jungen und Mädchen zu etablieren.

4.8 Medien

Wie bereits im vorangegangen Kapitel festgestellt, werden Kinder im Kindergarten meist ausschließlich mit dem Medium Bilderbuch vertraut gemacht. In wenigen Kindergärten ist ein Kassettenrecorder vorhanden. Einen Fernseher oder ein Videogerät oder gar einen Computer gibt es in den meisten Kindergärten bis heute nicht. Allmählich setzen sich aber immer mehr Erzieherinnen auch mit dem Computer auseinander und benützen einen solchen auch für ihre Vorbereitungen. Ab und zu wird er auch Kindern zugänglich gemacht. Es bestehen aber sowohl bei den Eltern als auch bei den Erzieherinnen noch große Ängste, wenn es darum geht, die Kinder bereits im Kindergarten mit Grundfunktionen eines PC vertraut zu machen. Ein gutes Buch, das hilfreich sein könnte, um Ängste abzubauen und Möglichkeiten der Computernutzung im Kindergarten aufzuzeigen ist: Lasst die Kinder an die Maus von Daniela Braun.

In den Kindergärten machen wir immer wieder die Beobachtung, dass Erzieherinnen sich mit dem Tagesgeschehen wenig befassen und dies auch selten zum Thema im Stuhlkreis werden lassen. In verschiedenen Zeitungen wurde von einem neu entdeckten Kometen ausführlich berichtet, der in den nächsten Tagen mit bloßem Auge am Abendhimmel sichtbar sein sollte. Die Sternwarten machten sich auf das Jahrhundertereignis gefasst. Als ich einige Tage nachher in einen Kindergarten kam, wussten weder die Erzieherinnen noch die Kinder von diesem Ereignis. Ein einziger Junge war von seinen Eltern darüber informiert worden.

Dabei gibt es immer wieder, auch die Kinder interessierende wichtige Ereignisse, die in der nächsten Umgebung der Kinder passieren. Es geht nun nicht darum, den Kindern bereits in diesem Alter ein „politisches Bewusstsein" zu vermitteln, nicht die Tagespolitik interessiert die Kinder, wohl aber deren Auswirkung. Egal, ob es sich um eine Müllverbrennungsanlage oder ein Asphaltwerk handelt, das gebaut werden soll, die Kinder als die zukünftig Betroffenen sollen darüber kindgemäß informiert werden. Erzieherinnen haben gelernt, Sachverhalte in kindlicher Sprache zu vermitteln, ob es sich um die Tatsache der Laubfärbung im Herbst oder die Umweltzerstörung durch Pflanzengifte handelt. Kinder haben weitaus mehr Interesse an solchen Dingen, wie wir gemeinhin annehmen. Wenn Erzieherinnen auch diese Themen im Kindergarten aufgreifen, so nehmen sie die Kinder damit als ganze Persönlichkeit ernst. Kinder lernen dabei früh, dass sie sich aktiv mit der sie umgebenden Welt auseinandersetzen können.

Im genannten Beispiel ist es typisch, dass Jungen eher an Informationen herangeführt werden als Mädchen. Jungen kennen alle Automarken, wissen, welcher Fußballverein Tabellenführer ist, können uns berichten, wie sie zusammen mit dem Vater einen Baum gefällt oder ein Vogelhäuschen gebaut haben.

Wenn von Mediennutzung die Rede ist, so denkt man zuerst an den Fernsehkonsum der Kinder. Seit es das Fernsehen gibt, streiten sich die Pädagogen wie viel Fernsehgenuss nötig und unbedenklich ist, welche Sendungen wie von Kindern aufgenommen und welche für Kinder bedenklich sind. Neben den heute noch verbreiteteren Videofilmen ist das Fernsehprogramm immer noch ein Thema für Elternabende oder Diskussionsrunden im Kindergartenteam.

Alles, was Kinder sehen und hören oder erleben schlägt sich im Kindergartenalltag nieder. Auch wenn ein Fernsehkonsum von 2–3 Stunden pro Tag für Kindergartenkinder (einschließlich der Videofilme) heute als „normal“ angesehen wird, ist dies bedenkenswert. Kinder, die ein großes Bewegungsbedürfnis haben, werden vor dem Fernseher „festgehalten“. Wenn man Kinder beim Fernsehen beobachtet, so hampeln und zappeln sie auf dem Sessel oder auf dem Boden herum, um ihr Bewegungsbedürfnis wenigstens teilweise zu befriedigen.

Aber wie Paus-Haase (1990, 33) bemerkt: Medien sind verfügbar, Eltern und Geschwister sind das nicht immer. Kinder können neue Rollen und Handlungsmöglichkeiten kennen lernen und in der Phantasie ausprobieren, welche Rolle zu ihnen passt. Identifikationsfiguren wie „Spencer“, „He-Man“ oder „Benjamin Blümchen“ stehen zur Verfügung.

Die männlichen Fernsehhelden bieten oft ein übersteigertes Männerbild. Dies ist für die Jungensozialisation problematisch, wenn keine lebendigen Männerbilder zur Verfügung stehen.

Wenn Fernsehfiguren Ersatz für eigene Erfahrungen, selbst erlebte Abenteuer, für Nähe und emotionale Geborgenheit sein müssen, so wird das für Jungen und Mädchen problematisch. Eine Erzieherin berichtet:

> „Wenn Jochen morgens in den Kindergarten gebracht wird, dann schauen sich einige Erzieherinnen schon verzweifelt an: Schon wieder dieser Raufbold, der andauernd die anderen Kinder mit seinem Action-Spiel ablenkt. Nachdem Jochen seine Jacke ausgezogen hat, stürzt er in den Gruppenraum. Mit viel Lärm rennt er in die Bauecke zu Peter und fragt ihn: ‚Hast du Lust, Colt Sievers zu spielen?‘ Jochen und Peter rasen nun im Gruppenraum herum, schießen mit aus Legosteinen selbstgebastelten Pistolen aufeinander und rennen zum Schluss auf den Flur, um dort weiterzuspielen.“ (Bundeszentrale für politische Bildung 1991, 34).

Kinder identifizieren sich mit den Geschlechtsrollen, die ihnen in den Medien gezeigt werden, die sie im Radio

(Kindersendungen) oder auf Kassetten hören. Das Vorschulkind befindet sich dabei im Übergang von der natürlichen zur Rollen-Identität, wie Charlton/Neumann-Braun (88) meinen, und bemüht sich, die neue Alters- und Geschlechtsrolle zu übernehmen, um ein „Mehr“ an sozialer Kompetenz auszubilden.

Erzieherinnen, die um die Ruhe und Unversehrheit der anderen Kinder nicht zu gefährden, diese wilden Kinder ständig ermahnen und befrieden müssen, tun dies oft mit einem schlechten Gewissen. Sie merken selbst, dass das Kind dabei wichtige Bedürfnisse befriedigt, wie z. B. Angstabbau, Gefühle von Wut und Rache, Eifersucht, Neid oder die Erfahrung, noch lange nicht als „richtiger Mann“ wahr genommen zu werden. Das Selbstwertgefühl solcher Kinder müsste auf andere, angemessenere Weise aufgebaut und gestützt werden. Es gibt Hinweise darauf, dass in Familien mit Eltern-Kind-Konflikten und ungünstigen elterlichen Einstellungen die Kinder zu besonders starkem Fernsehkonsum tendieren und Phantasie-Sendungen mit einsamen Helden und viel Gewaltausübung bevorzugen.

Eltern setzen Kassetten und Videofilme gerne als „Babysitter“ ein, wenn sie ihre Ruhe haben wollen. Kinder ziehen sich dann auch selbstständig in ihre Phantasiewelt zurück, wenn sie sich von Erwachsenen unverstanden fühlen. Im Kindergarten können wir die Fernseherfahrungen der Kinder zum Thema machen. Es ist möglich, in Gesprächen zu erfahren, was an den einzelnen Sendungen für Kinder besonders reizvoll ist.

Erzieherinnen müssen Räume schaffen, in denen die Selbstständigkeit und das Selbstbewusstsein von Jungen und Mädchen gestärkt wird, in denen Erlebnisse von Macht und Ohnmacht erfahrbar werden, die eigene Geschlechtsrolle positiv bewertet und unterstützt wird ohne ein Rollenklischee zu verfestigen.

Nachlebbare Vorbilder von Männern und Frauen müssen Kindern für ihre Phantasien und die Ausbildung ihrer Geschlechtsidentität zur Verfügung stehen. Erzieherinnen können dies nicht alleine leisten, sie können aber nach Möglichkeiten suchen, die Kindern Vorbilder zu einer gelingenden Geschlechtsrolle geben.

5 Erziehungsziele in Bezug auf geschlechtsspezifisches Lernen

5.1 Gleichbehandlung von Jungen und Mädchen

Erzieherinnen erklären, dass sie Jungen und Mädchen im Kindergartenalltag gleich behandeln. Das deckt sich mit dem Erziehungsziel, das sich Erzieherinnen stellen. Mädchen und Jungen gleich zu behandeln, was heißt das im Kindergartenalltag?

Wie jede Erzieherin weiß, sind Kinder sehr unterschiedlich. Der Unterschied innerhalb eines Geschlechts ist wesentlich größer als der Unterschied zwischen den Geschlechtern, wie Untersuchungen ergeben haben. Wenn wir nun die Mädchengruppe und die Jungengruppe gesondert betrachten, so stellen wir fest, dass es innerhalb dieser Gruppen im Temperament der Kinder, in der Zuwendung zur Erzieherin, in Bezug auf die Kindergruppe große Unterschiede gibt.

Es gibt sowohl schüchterne Mädchen als auch schüchterne Jungen, Mädchen, die sich besonders in den Vordergrund spielen als auch Jungen. In der Ausbildung hat die Erzieherin gelernt, dass sie auf jedes Kind, gemäß seinem Charakter und Temperament eingehen muss und immer überlegen soll, was gerade dieses Kind jetzt benötigt. Ein schüchternes Kind wird anders zu behandeln sein als ein lebhaftes. Die Erzieherin muss sich mehr Gedanken machen, wie sie ein schüchternes Kind in die Gruppe integrieren kann und wie sie sein Selbstbewusstsein fördert.

Kinder, die sich immer in den Vordergrund spielen haben oft ebenfalls Probleme mit ihrem Selbstwertgefühl. Sie zeigen dies nur, bedingt durch ihr Temperament, auf andere Weise. Es ist nicht einfach, diese Kinder zu bremsen und gleichzeitig ihr Selbstwertgefühl zu steigern. Da sie im Kindergartenalltag oft stören, achtet die Erzieherin seltener auf das dahinterliegende Symptom des Beachtetwerden-wollens und die damit verbundene Problematik. An diesem Punkt wird deutlich, was die Gleichbehandlung in geschlechtsspezifischer Hinsicht bedeutet. Während „vorlaute" Mädchen gerne als Unterstützung bei der Beaufsichtigung des Aufräumens, beim Abwischen der Tische oder anderen Arbeiten eingesetzt werden und dadurch eine Bestätigung ihrer Person und ihres Verhaltens erfahren, machen sich Jungen oft auf aggressive Weise „bemerkbar". Sie schreien oder toben, rempeln andere Kinder an und lassen sich nicht von der Erzieherin „einspannen". Sie werden ermahnt zum Ruhigsein und den anderen Kindern als negatives Vorbild dargestellt. Ihr Selbstwertgefühl wird dadurch nicht unterstützt, sondern sie werden immer auffälliger und störender. Wenn gleiche Symptome aber auf unterschiedliche Weise von der Erzieherin beantwortet werden, so ist das Ziel der Gleichbehandlung von Jungen und Mädchen nicht erreicht.

Es gilt, hinter den gleichen Verhaltensweisen die unterschiedlichen Ausprägungen bei Jungen und Mädchen zu beobachten. Aggressionen äußern sich bei Jungen meist in lautem, durch körperliche Angriffe gekennzeichnetem Verhalten, bei Mädchen eher in Sticheleien, beleidigtem Rückzug. Mädchen drängen die anderen Kinder ab, lassen sie nicht mitspielen oder ziehen sich beleidigt zurück. Dieses Verhalten wird von Erzieherinnen weniger bemerkt und wird auch nicht so sehr als störend empfunden.

Schüchterne Jungen und Mädchen – das gilt für beide Geschlechter – werden oft nicht bemerkt, oder weil sie es anscheinend selbst wollen, in Ruhe gelassen. Alle Kinder gleich zu behandeln ist ein Erziehungsziel, das schwer zu verwirklichen ist. Vor dem Hintergrund der geschlechtsspezifischen Erziehung sind weitere Maßnahmen wichtig:

- Bei Spielen kein Geschlecht bevorzugen oder benachteiligen, keine Konkurrenzsituationen zwischen den Geschlechtern schaffen, dies gilt vor allem für Wettspiele.
- Projekte anbieten, in denen Jungen und Mädchen neue Lernerfahrungen machen können, bei denen die Gleichwertigkeit von weiblichen und männlichen Begabungen und nicht deren Unterschiede thematisiert werden.
- Bei der Auswahl von Geschichten, Bilderbüchern usw. auf eine gleichmäßige Rollenverteilung (Männer und Frauen, Jungen und Mädchen) achten oder eine unterschiedliche Bewertung zur Sprache bringen.
- Aktivitäten anbieten, in denen Jungen und Mädchen ihre Stärken ausprobieren können und Schwächen akzeptieren lernen.
- Mädchen und Jungen nicht durch Bemerkungen gegeneinander ausspielen, wie z. B. „Heute waren die Jungen besonders brav!" oder „Die Mädchen haben heute fleißig aufgeräumt."
- Bei störendem Verhalten die dahinterliegenden Ursachen nach dem Prinzip erfragen: „Kinder, die Schwierigkeiten machen, haben Schwierigkeiten", anstatt nach der Auffassung zu bewerten, dass Jungen eben so wild sind oder Mädchen dazu neigen, schnell in Tränen auszubrechen.

5.2 Individuelle Identitätsfindung

Jedes Kind ist eine eigene Persönlichkeit. Es ist nicht einfach, in einer Gruppe von 28 Kindern jedes Kind als ein Individuum zu behandeln. Dennoch sollte dies das Ziel sein, das eine Erzieherin anstrebt. Jedes Kind benötigt zu anderer Zeit Zuwendung oder Anreize. Es ist die Aufgabe der Erzieherin, vor allem in der Freispielzeit, die Bedürfnisse jedes einzelnen Kindes wahrzunehmen und entsprechende Impulse zu setzen. Diese Wahrnehmung kann bereits bei der Begrüßung am Morgen geschehen. Ist das Kind heute traurig oder fröhlich, hat es das Bedürfnis zu sprechen oder sich zurückzuziehen, will es Bewegung oder lieber ruhig am Maltisch arbeiten? Die Tagesform des Kindes zu erkennen, das ist täglich neu nötig. Dazu kommt der unterschiedliche Charakter, den das Kind mitbringt. Ein Kind möchte, dass es mit anderen spielen darf, ein anderes will gerne Neues ausprobieren, wieder ein anderes sehnt sich nach viel Bewegung, da es zu Hause sehr beengt wohnt.

Es ist eine lohnenswerte Aufgabe, die Bedürfnisse eines jeden Kindes jeden Tag aufs Neue zu erkennen und darauf einzugehen. Sicher kann eine Erzieherin nicht jedem Kind jeden Tag völlig gerecht werden. Aber sie sollte dieses Ziel vor Augen haben und täglich versuchen, danach zu handeln. Einige Kriterien für die tägliche Beobachtung sind:

- Welche Bedürfnisse nehme ich bei der Begrüßung wahr?
- Welche Spielwünsche äußert das Kind?
- Hat das Kind Langeweile und braucht es neue Anregungen?
- Hat es genug soziale Kontakte?
- Hat es genügend Bewegungsraum?

- Welche kreativen Angebote kann ich machen?
- Welche Bedürfnisse nach kognitiven, emotionalen, psychomotorischen oder sozialen Aktivitäten stelle ich fest?
- Welche speziellen Begabungen können dazu dienen, das Selbstbewusstsein des Kindes zu fördern?

Diese Fragen sollten immer den geschlechtsspezifischen Aspekt mit bedenken. Die Form, wie diese Bedürfnisse befriedigt werden können, ist bei Jungen und Mädchen oft unterschiedlich. Bei Untersuchungen wurde festgestellt, dass Erzieherinnen Jungenbedürfnisse häufig nicht wahrnehmen und deshalb nicht auf diese reagieren können. Hilfreich wären Beobachtungsprotokolle. Dies muss nicht unbedingt sehr aufwendig sein, wenn jede Erzieherin sich vornimmt, an einem Tag ausschließlich ein bestimmtes Kind 10 Minuten lang zu beobachten und dies zu protokollieren. Einzelgespräche als zusätzliche Information über das betreffende Kind können dieses Protokoll ergänzen.

5.3 Männliche und weibliche Identitätsfindung

Jedes Kind möchte nun aber auch als Mädchen und als Junge betrachtet werden. Es braucht die Bestätigung, dass es ein richtiger Junge oder ein richtiges Mädchen ist und als solches wahrgenommen wird. Jungen benötigen vor allem die Bestätigung durch die Jungengruppe und die Teilhabe an „männlich" definierten Tätigkeiten. Mädchen wollen sowohl in ihren Bedürfnissen nach mütterlichem Verhalten als auch ihren sonstigen Begabungen entsprechend gesehen werden. Wie kann ich aber ein flexibles Verständnis der Geschlechtsrolle anbieten, das jedem Kind die Ausprägung eines Geschlechtsrollenkonzeptes ermöglicht, das seinem Charakter, seinem Temperament und seiner Begabungen entspricht?

Jungen wie Mädchen benötigen Vor-Bilder, an denen sie ihre eigenen Vorstellungen ausrichten können. Welche Vorbilder haben Jungen und Mädchen zur Ausbildung einer geschlechtsspezifischen Identität im Kindergartenalter?

In erster Linie wird das Vorbild der Eltern für die Kinder von Bedeutung sein. Dennoch stellt man bei Untersuchungen, wie ich sie im Juni 1996 in verschiedenen Kindergärten durchgeführt habe, immer wieder fest, dass Jungen und Mädchen stereotype Vorstellungen von Männern und Frauen haben, die nichts mit dem Vorbild von Vater und Mutter zu tun haben. Dies hängt damit zusammen, dass sich Kinder zunächst selbst kategorisieren, wie es Kohlberg (1974) ausdrückt. Sobald sich ein Junge als männlich, ein Mädchen als weiblich kategorisiert hat, werden sie jene Objekte und Menschen positiv bewerten, die mit seiner Geschlechtsidentität übereinstimmen. So suchen sie sich auch oft nur einen Aspekt heraus, der für sie „typisch" männlich oder weiblich ist, um ihn nachzuahmen.

Kinder machen „Geschlechtszugehörigkeit" beispielsweise an Äußerlichkeiten fest. Frauen sind hübsch, tragen Kleider oder Röcke, haben lange Haare, schminken sich und tragen Schuhe mit hohen Absätzen. Wenn man dann weiter nachfragt, ob es auch Frauen gibt, die diese Merkmale nicht aufweisen, so erinnern sich Kinder an ihre Mutter oder die Erzieherin im Kindergarten und korrigieren dieses Bild.

Männer werden dagegen als besonders groß und breitschultrig geschildert, sie tragen selbstverständlich Hosen und Pullover. Mächtige Männer bekommen einen Bart, rauchen Pfeife oder eine Zigarre. Auch dieses Bild wird von den Kindern ihren tatsächlichen Erfahrungen nach korrigiert, wenn man näher nachfragt.

Was haben nun diese Geschlechtsrollenstereotypen und die tatsächlich erlebten Männer und Frauen mit dem eigenen Selbstbild des Kindes zu tun? Vermutlich wird das eigene Selbstverständnis sowohl nach den erlebten als auch den stereotypen Personenbeschreibungen ausgerichtet. Man kann aber davon ausgehen, dass Kinder, je mehr lebendige Vorbilder ihnen zur Verfügung stehen, ihre individuelle Geschlechtsrolle besser finden können und jeweils den Aspekt, der für sie auf Grund ihres eigenen Temperaments und ihrer speziellen Weltsicht bedeutsam erscheint in ihr Geschlechtskonzept integrieren. Auch Erwachsene haben Idealvorstellungen von Dingen und Personen, die sie gerne in ihrem Leben verwirklichen wollen. Deshalb sollten die stereotypen Vorstellungen der Kinder uns nicht dazu verleiten, die Wirkung von lebendigen Menschen im Leben der Kinder zu unterschätzen. Es muss unser Erziehungsziel sein, viele Ausformungen des Mann- und Frauseins für die Kinder zur Verfügung zu stellen.

Es gibt Bilderbücher und Geschichten, die vielerlei Männer- und Frauenbilder zeigen. Besser noch ist es, die Kinder im Kindergartenalltag mit vielen männlichen und weiblichen Personen in Beziehung zu bringen. Mädchen stehen stets mehr weibliche Vor-Bilder zur Verfügung als Jungen. Die Mutter ist bei Jungen und Mädchen meist gleichermaßen präsent, im Kindergarten werden zusätzliche Frauengestalten erlebt. Auch Großmütter knüpfen mehr als Großväter enge Kontakte zu den Enkeln, wenn sie auch oft nicht (mehr) als Frau erlebt werden. Ein Kind hat dies so formuliert: „Meine Oma ist keine Frau, die ist alt." Im Übrigen wird von den Kindern auch oft zwischen Vätern und anderen Männern und Müttern und anderen Frauen unterschieden. Kinder, die im Zusammenhang mit ihren Vorstellungen von Mann und Frau auch auf Mutter und Vater hingewiesen wurden, bestätigten, dass Mama und Papa auch Frau oder Mann sind. Für Kinder ist dies eine zusätzliche Eigenschaft der Eltern, aber nicht die für sie wichtigste.

Wenn die Frauen- und Männerrolle für Kinder sichtbar gelebt wird und Männer und Frauen im Alltag präsent sind, so haben Kinder viele Möglichkeiten zwischen den verschiedenen Ausprägungen die ihnen entsprechenden Verhaltensweisen auszuwählen und eine Vorstellung zu entwickeln, wie sie selbst als Mann oder Frau später leben möchten. Folgenden Fragestellungen könnten Erzieherinnen deshalb nachgehen:

- Welche Frauen und Männer können Kinder in unserem Kindergarten erleben?
- Welche Frauen- und Männerbilder werden in Bilderbüchern dargestellt?
- Welche Vor-Bilder werden von Jungen und Mädchen genannt?
- Welche Jungen oder Mädchen gelten als Vorbilder der eigenen Geschlechtsrolle?
- Welche Frauen- und Männerbilder geben Väter und Mütter den Kindern weiter?

6 Wege zum angestrebten Ziel

6.1 Selbstbeobachtung, Fremdbeobachtung und Supervision der Erzieherin

In Kapitel 4 wird zu den Möglichkeiten der Selbstexploration (Selbstwahrnehmung) schon einiges ausgeführt. Nicht immer ist eine solche Vorgehensweise möglich. Oft ist eine Erzieherin auch nicht bereit, sich selbst in dieser Form in Frage zu stellen. Wenn eine Erzieherin geschlechtsspezifische Benachteiligung oder Bevorzugung bei Kindern vermeiden will, so ist es hilfreich, zu überlegen, was sie selbst erlebt hat oder noch erlebt. Als Erinnerungshilfe für geschlechtsspezifisch bedingte Bevorzugung oder Benachteiligung und die damit verbundenen Gefühle könnten folgende Fragen dienen:

- Welche Gefühle habe ich in Bezug auf meine Geschwister?
- Wie haben sich meine Eltern uns gegenüber verhalten?
- Wie habe ich Brüder und Schwestern erlebt?
- Welche Aufgaben habe ich zugeteilt bekommen, weil ich ein Mädchen war und welche Aufgaben haben meine Brüder übernommen?
- Welches Verhalten wurde bei mir getadelt?
- Wofür wurde ich belohnt?
- Was wurde mir nicht zugestanden?
- Welche Personen außerhalb der Familie nahmen mich als Mädchen anders wahr, als dies bei einem Jungen der Fall gewesen wäre?

- Wer versucht auch heute noch auf welche Weise mich als Frau „festzulegen"?
- Bin ich gerne Frau – und warum (nicht)?
- Welche der vorstehenden Fragen löst ein besonders starkes positives oder negatives Gefühl in mir aus?

Erst wenn ich selbst weiß, was mich wütend oder traurig, glücklich oder fröhlich gemacht hat, bin ich in der Lage, die Gefühle der Kinder, die ich durch mein Verhalten beeinflusse, nachzuvollziehen. Eine Erzieherin, die ihre eigene Erziehung nicht reflektiert, ihre eigenen Gefühle nicht wiederbelebt hat, ist nicht in der Lage, sich in die Kinder hineinzuversetzen. Dies gilt auch, und da in besonderem Maße, für die geschlechtsbezogene Sichtweise.

Es ist möglich, dass eine Erzieherin erkennt, dass sie als Mädchen benachteiligt wurde. Sie möchte nun den Mädchen in ihrer Gruppe diese Benachteiligung ersparen und bemüht sich deshalb besonders um die Mädchengruppe. Damit benachteiligt sie automatisch die Jungen. Auch wenn ihr das bewusst wird, ist es für eine Erzieherin schwerer, sich in die Gefühle der Jungen zu versetzen. In einer Fragebogenstudie befragte ich deshalb junge Männer nach ihren Erinnerungen an ihre Kindergartenzeit. Als Benachteiligung wurden genannt: strengere Behandlung, rigorosere Bestrafung, Mädchen wurden bevorzugt.

Bei Gesprächen mit Eltern von Jungen wird immer wieder die Vermutung ausgesprochen, dass Erzieherinnen mit Jungen weniger sensibel umgehen. Dies hat auch mit der Art der Jungen, ihre Gefühle zu zeigen, zu tun. Jungen möchten ebenso wie Mädchen auf den Schoß genommen werden, gestreichelt oder wegen ihrer „Schönheit" gelobt werden. Da sie dies aber für Frauen oft unverständlicher ausdrücken, werden sie Mädchen gegenüber benachteiligt.

Jungenmütter kennen die „Signale“ ihrer Kinder und könnten die Erzieherin bei deren Wahrnehmung unterstützen. Deshalb ist es gut, mit Eltern und Kindern selbst zu sprechen. Die Selbstbeobachtung muss also durch die Fremdbeobachtung ergänzt werden. Fremdbeobachtung erfolgt durch die Kinder, durch die Kollegin, durch Eltern oder andere Außenstehende. Auch, wenn eine Erzieherin dies nicht bewusst wahrnimmt, wird sie ständig beobachtet und bewertet. Wenn sie sich dieser Tatsache stellt, kann sie wertvolle Hinweise für ihre Arbeit bekommen. Einige Überlegungen, wie eine Fremdbeobachtung in die tägliche Arbeit integriert werden kann:

- In Stuhlkreisgesprächen auch immer die Gefühle der Kinder ins Gespräch mit einbeziehen. Bei Bilderbuchbetrachtungen kann über die Gefühle der dargestellten Personen gesprochen werden. Kinder drücken dabei oft ihre eigenen Gefühle aus.
- Bei Auseinandersetzungen von Jungen mit Mädchen und umgekehrt den Kindern Gelegenheit geben, sich zu (angeblichen oder tatsächlichen) Benachteiligungen oder Bevorzugungen zu äußern.
- Mit Eltern Gespräche darüber führen, welche Probleme Jungen oder Mädchen in der Kindergruppe haben, ob sie zu Hause Aussagen über die Behandlung durch die Erzieherin machen oder was sie sich von ihr wünschen würden.
- Im Kolleginnenkreis über geschlechtsspezifische Benachteiligung oder Bevorzugung der Kinder sprechen. Möglichkeiten der gegenseitigen Beobachtung ansprechen.

Glücklicherweise ist heute für viele Erzieherinnen die Teilnahme an einer Supervision möglich. Auch dort können die eigene geschlechtsspezifische Sozialisation und deren Auswirkung im Kindergarten zum Thema gemacht werden. Es kann angesprochen werden, warum die Erzieherin gerade mit diesem Jungen oder jenem Mädchen besondere Schwierigkeiten hat. Möglichkeiten, Kinder auch in die Gruppe der Kollegin zu geben, wenn eigene negative Gefühle eine gerechte Behandlung des Kindes nicht mehr zulassen, können dort angesprochen werden.

Mädchen und Jungen sollen gleichermaßen gerecht behandelt werden und sich in unserem Kindergarten wohlfühlen können. Um dieses Ziel zu erreichen, sind die Möglichkeiten der Selbst- der Fremdbeobachtung und der Supervision als Hilfe zu verstehen.

6.2 Raumgestaltung

Der Raumgestaltung und der damit verbundenen Zuweisung in Jungen- oder Mädchenräume ist bisher viel zu wenig Beachtung geschenkt worden. Dass Räume als Miterzieher zu betrachten sind, ist in der Reggio-Pädagogik längst bekannt.

Am Maltisch und in der Puppenecke halten sich beispielsweise mehr Mädchen, in der Bauecke gewöhnlich mehr Jungen auf. Dies könnte ein Anlass sein, diese im Kindergarten vorhandenen „Spielräume" so zu gestalten, dass sie für das andere Geschlecht attraktiver werden. Die Puppenecke muss nicht länger ausschließlich mit häuslichen Spielsachen, wie Tisch und Stühlen, Herd und Geschirr bestückt werden. Sie könnte auch mit Utensilien ausgestattet werden, die die Umgestaltung in ein Büro, in einen Schulraum oder ein Krankenhaus zulässt. Männliche wie weibliche Verkleidungssachen müssen zur Verfügung stehen.

Die Bauecke wird mit Belebungsmaterial versehen, das sowohl die Errichtung eines Zoos als auch einer Stadtlandschaft sowie die Gestaltung eines Kinderspielplatzes oder eines Phantasielandes zulässt. Wenn sie groß genug ist, können darin ganze Landschaften nebeneinander gestaltet und „bespielt" werden.

Kindergärten, die das Glück haben, einen Werkraum zu besitzen, nützen diesen oft viel zu wenig. Den Kindern wird zwar die Möglichkeit geboten, dort den Umgang mit Hammer und Säge auszuprobieren, aber richtige „Gebrauchs"-Gegenstände werden nicht hergestellt. Dabei könnten leichtere Holzarbeiten zur Ausschmückung des Kindergartenraumes durchgeführt werden, ein Futterhäuschen für den Winter könnte z. B. in Gruppenarbeit erstellt werden. Dort können auch kaputte Holzspielsachen repariert werden. Unter Anleitung wäre es auch möglich, Metall zu bearbeiten, Kupfertreibarbeiten auszuführen, Metallverbindungen (Löten) zu praktizieren, Specksteine zu bearbeiten und vieles andere mehr. Oft fehlt es weniger am Geld, als an der Phantasie der Erzieherinnen, um Kindern vielfältige Angebote zu machen.

Kindergärten, die eine große Halle besitzen, können diese „Toberäume" gut gebrauchen. Auch diese wären mit etwas Phantasie durchaus vielfältiger zu nützen. Wie wäre es, wenn dieser Raum einmal in einen Dschungel verwandelt würde, wo es gilt, sich durch Dickicht vorwärts zu bewegen, Geschicklichkeit zu beweisen, Schätze zu verstecken und zu entdecken. Auch ein Indianerdorf könnte daraus werden. Wie viele Spielanregungen würden sich dadurch für Jungen und Mädchen ergeben! Überhaupt wäre die Umgestaltung der Halle in verschiedene Lebensräume oder Länder eine gute Gelegenheit, die Kinder mit fremden Welten bekannt zu machen. Wilde, ausgelassene Spiele würden so ebenfalls möglich. Die Kinder würden sich dann vermutlich nicht nur „aufschaukeln" und schließlich nur noch wie wild herumrennen, wie das häufig bei den jetzt vorhandenen Toberäumen der Fall ist.

Auch die Außenspielräume sind meist stereotyp mit Sandkasten, Schaukel und Klettergerüst ausgestaltet. Die Asphaltstraße, auf der die Kinder richtige Verkehrsregeln erproben können, wenn sie mit ihren Spielautos, Dreirädern oder Rollern dort fahren, fehlt fast in jedem Kindergarten. Es gibt auch kaum Ecken, in denen die Kinder aus Hölzern und Pappröhren, mit alten Autoreifen und Plastikverpackungsmaterial aus Fabriken Hütten und Spielräume gestalten können. Natürlich benötigen wir die Schaukeln, Sandkästen, Klettergerüste und Rutschbahnen. Die Phantasie der Kinder wird auf Dauer aber von diesen Dingen nicht genügend angeregt.

Durch Raumgestaltung können nicht nur geschlechtsspezifische Rollenfixierung verhindert, sondern den Kindern viele neue Erfahrungen ermöglicht werden. Nicht die teueren Spielmöbel sind es, die dazu beitragen, für Kinder neue Erfahrungsräume zu erschließen. Es muss keine Werkbank sein, auf der die Kinder hämmern und bohren können. Oft reicht schon ein abgeschnittener alter Tisch. Nicht nur der von Erwachsenen gestaltete Abenteuerspielplatz ermöglicht es den Kindern, Abenteuer zu erleben. Es sind oft Abfallprodukte wie Autoreifen oder große Pappröhren, (auf die ursprünglich z.B. Kabel aufgewickelt waren), die die Kinder mit ihrer eigenen Phantasie umgestalten.

Gerade in Zeiten knapper werdender Geldmittel brauchen wir nicht zu resignieren. Im Gegenteil, es ist eine Chance, mit eigener Phantasie und neuen Anregungen auch neue Erfahrungen platzieren zu können. Dies sollten wir uns nicht entgehen lassen.

6.3 Spielmaterial

Nicht nur die Spielräume, sondern auch das Spielmaterial trägt dazu bei, Rollenfixierungen aufrechtzuerhalten oder zu vermeiden. In jedem Kindergarten gibt es vielfältiges Spielzeug. Jungen und Mädchen haben gleichermaßen Zugang dazu. Jungen bevorzugen häufig andere Spielsachen als Mädchen. Konstruktionsspielzeug z. B. wird von vielen Mädchen gemieden oder nicht in der gleichen Vielfältigkeit genutzt. Jungen beschäftigen sich am Maltisch mit Bastelarbeiten, bauen Raketen und Flugzeuge und malen, wenn überhaupt, nicht so gerne und ausführlich wie das die Mädchen tun. In der Puppenecke sind sie selten anzutreffen. Sie sind fasziniert von technischem Spielzeug, Waffen, Werkzeugen und Fahrzeugen. Mädchen schmücken ihre Spielräume und sich selbst. Sie basteln Ketten, Armreifen und schmücken ihre „Wohnung". Sie pflegen die kleinen Buben, ihre Puppen und bauen um sich herum eine harmonische schöne Spielwelt. Wenn wir also möchten, dass Jungen und Mädchen neue Erfahrungen machen können, so wäre es ziemlich unklug, ihnen die bevorzugten Spielsachen madig zu machen oder wegnehmen zu wollen. Es gibt Kindergärten, in denen spielzeugfreie Tage eingeführt wurden. Das ist eine Möglichkeit. Die Kinder müssen sich dann Ersatz für die gewohnten Spielmaterialien suchen.

Ein anderer Vorschlag ist, an einem Tag nur die von Jungen bevorzugten Spielzeuge im Kindergarten anzubieten. Die Mädchen würden zum Teil danach greifen, zum Teil könnten wir ihnen spezielle Angebote machen, wie z. B. die Bearbeitung von Speckstein, Holzarbeiten, Tonen oder das Herstellen von Pappmachee oder Kleisterpapiere.

Ein anderer Tag könnte dann dem „Mädchenspielzeug" vorbehalten werden. Das hätte zur Folge, dass Jungen und Mädchen sich eventuell mit anderen Spielzeugen auseinander setzen, dazu aber nicht gezwungen werden, weil zusätzliche Angebote gemacht werden. Erzieherinnen könnten an diesen Tagen die Jungen- bzw. die Mädchengruppe besonders beobachten und „ihre" Kinder dabei besser kennen lernen.

Auch Projekte würden sich für spielzeugfreie Tage anbieten. Dazu ist aber eine große Vorbereitung und viel „Betreuungspersonal" nötig. Jeder Kindergarten sollte die eigenen Möglichkeiten prüfen.

6.4 Männliche und weibliche Identifikationspersonen

Im Kindergarten stehen in der Regel für Kinder zur Identifikation Frauen zur Verfügung. Mädchen erleben unterschiedliche Erzieherinnen und können ihr eigenes Rollenbild danach ausrichten. Viele Erzieherinnen sind auf Grund ihrer eigenen Erfahrung im Kindergarten Erzieherin geworden. Die damals erlebte Erzieherin hat ihren Berufswunsch bestimmt. Oft werden sie selbst ja schon als kleine „Hilfserzieherin" in die Kindergartenarbeit einbezogen. Sie dürfen die Tische abwischen, das Spielzeug sauber einräumen, sich um die neuen Kindergartenkinder kümmern. Zu vielen Aufgaben werden die „großen" Mädchen herangezogen. Mädchen erleben den Kindergarten als weiblichen Raum. Wenn Mädchen gefragt werden, ob sie männliche Erzieher haben möchten, so lehnen sie dies rigoros ab. Männer haben für sie im Kindergarten keinen Platz. Wenn Personal knapp ist oder ein Ausflug geplant wird, so finden sich immer Mütter oder Großmütter, die die Erzieherin zu unterstützen bereit sind. An Frauen mangelt es im Kindergarten nicht. Jungen und Mädchen können Frauen im Alltag der Familie und des Kindergartens erfahren.

Für Jungen ist die Erzieherin die erste Frau, in die er sich verlieben kann. Was die Erzieherin tut, wie sie angezogen ist, das alles wird beachtet. Sie bekommt zärtliche Kosenamen und manchmal ist die Mutter sogar eifersüchtig auf diese plötzliche Konkurrentin um die Gunst ihres Jungen.

Jungen identifizieren sich, wie die Mädchen zunächst auch, mit der Mutter. Um ihre eigene Geschlechtsidentität zu erhalten, müssen sie sich jedoch vom weiblichen Modell ab- und sich einem männlichen Modell zuwenden. Dafür steht dem Jungen der Vater zur Verfügung. Aber Väter sind weniger präsent, wenn überhaupt. Es gibt viele alleinerziehende Mütter, die mit keinem Mann zusammenleben. Väter stehen seltener zur Verfügung und verbringen weniger Zeit mit den Kindern. Väter, die mit den Kindern spielen, werden von Jungen und Mädchen als interessanter wahrgenommen. Sie spielen wildere Spiele, machen interessantere Dinge mit den Kindern und kümmern sich im Allgemeinen weniger um die Kleinigkeiten des Alltags. Das Männerbild von Kindern ist deshalb unklarer als das Frauenbild. Das gilt für Jungen und Mädchen gleichermaßen. So wäre es wünschenswert, dass Jungen und Mädchen in ihrem Alltag, auch im Kindergartenalltag, mehr Männer erleben.

Männliche Erzieher sind die große Ausnahme. Wenn Männer die Erzieherausbildung durchlaufen haben, arbeiten sie oft nur kurzzeitig im Kindergarten, um sich anschließend entweder weiter zu qualifizieren oder eine Leitungsposition zu übernehmen. Eine Schwierigkeit, Männer für die Arbeit im Kindergarten zu gewinnen, ist auch das Selbstverständnis, dass dort in der Regel mit vielen kompetenten Frauen zusammengearbeitet werden muss. Dies ist für Männer wie auch für Frauen ein Problem. Bezeichnenderweise haben Männer, die in Tagesstätten arbeiten, angegeben, dass dort meist auch ein weiterer männlicher Kollege arbeitet. Ein einzelner Mann in einem Frauenteam tut sich schwer, dort sein männliches Selbstverständnis durchzusetzen. Leicht gerät er ins Abseits und versucht dann auf seine eigene Weise, häufig durch Höherqualifikation oder Leitungsübernahme, sein männliches Rollenbild zu korrigieren. Wie aber kommen wir zur Mitarbeit von Männern, wenn dies solch ein Problem zu sein scheint?

Für Mädchen sind Männer notwendig, um die eigene Identität unabhängig von weiblichen Bezugspersonen zu finden. Für Jungen ist ein männliches Vor-Bild unerlässlich, um überhaupt zu einer männlichen Rollenübernahme zu gelangen. Die Sozialisation durch die Gleichaltrigengruppe oder Fernsehvorbilder ist problematisch, da Gleichaltrige selbst noch auf der Suche sind und im Fernsehen Rollenklischees überwiegen.

Durch Projekte und der Öffnung des Kindergartens in die Gemeinde können Männer in die Kindergartenarbeit einbezogen werden. In einem Kindergarten gestalteten Männer die Außenanlagen. Dies war ein Anlass für die Jungen, sich diesen Männern zu nähern, ihnen bei der Arbeit zuzusehen und sich ein „Männerbild" zu machen.

Ist es möglich, einen Schreiner zu gewinnen, der einmal im Monat mit den Kindern Schreinerarbeiten durchführt? Kann ein großer Bruder mit den Jungen auf dem Bolzplatz Fußball spielen? (Achtung, die versicherungsrechtliche Seite muss mit dem Träger geklärt werden!) Ist der pensionierte Nachbar bereit, ab und zu im Kindergarten mitzuhelfen?

Wann immer wir Männer finden (unserer Phantasie sind keine Grenzen gesetzt), die im Kindergarten mithelfen, sollten wir solche Gelegenheiten ergreifen. Wir müssen jedoch darauf achten, dass die Erzieherin dabei nicht wieder in die weibliche Rolle verfällt und dem Mann die „niedrigen" Arbeiten des Aufräumens und Saubermachens abnimmt. Sonst verfestigen wir das Rollenklischee in den Vorstellungen der Kinder.

Für Mädchen und für Jungen sind Männer und Frauen in genügender Anzahl im täglichen Erleben nötig, um ihre eigene Geschlechtsrolle flexibel gestalten zu können. Das können wir oft nicht alleine schaffen. Dazu benötigen wir die Mithilfe der Eltern.

6.5 Elternarbeit im Kindergarten

Der 6-jährige Sven kommt morgens in den Kindergarten, in dem ein Mann als Erzieher arbeitet. Er macht ein nachdenkliches Gesicht. Nachdem er gefragt wird, worüber er nachdenkt, antwortet er: „Sag mal, warum arbeitest Du eigentlich nicht?" In diesem Gespräch zeigt sich die Problematik, mit der wir es offensichtlich noch immer zu tun haben. Kleinkinderziehung wird als Frauendomäne verstanden, selbst von den Kindern. Und der Umgang mit Kindern wird nicht als „Arbeit", sondern als „Spiel" wahrgenommen.

Kleinkindererziehung scheint selbst für Kinder als Frauendomäne zu gelten und nicht als „richtige" Arbeit. Sicher hatte Sven am Morgen den Vater zur Arbeit aus dem Haus gehen sehen. Die Arbeitswelt der Männer ist aber für Kinder meist weit entfernt und auch größtenteils unbekannt. Sie messen diesen Tätigkeiten einen weit größeren Stellenwert zu als der Alltagswelt, in der überwiegend Frauen und Kinder zusammen leben.

Glücklicherweise haben die „neuen Väter" inzwischen begriffen, dass auch sie für ihre Kinder wichtig sind. So gibt es kaum noch Väter, die bei den Geburtsvorbereitungskursen und bei der Entbindung nicht dabei sind. Allerdings machen sich diese engagierten Väter im Lauf der Zeit ziemlich schnell rar. Und wenn das Kind in den Kindergarten kommt, tauchen sie nur noch hin und wieder auf und verweilen im Allgemeinen viel kürzer dort.

Sind Väter vielleicht unterschwellig auf die Mütter eifersüchtig? Sie können kein Kind gebären, können es nicht stillen und werden vom Säugling oft abgelehnt, da sie eine laute Stimme oder einen groben Umgang mit den Kindern an den Tag legen. Die Mütter fühlen sich geschmeichelt und nützen das Verhalten des Kindes aus, um den Vater immer mehr auszugrenzen. Das ist ihnen oft selbst nicht bewusst. Ist es der „weiblich" geprägte Raum des Kindergartens, der sie nicht länger dort verweilen lässt? Für Jungen und Mädchen ist aber der Umgang mit Männern eine wichtige Erfahrung. Wer schon einmal im Kindergarten beobachtet hat, dass ein männlicher Praktikant von den Kindern schon am ersten Tag umlagert war, kann dies bestätigen.

Vor allem für die geschlechtsspezifische Erziehung ist es nötig, dass den Kindern gleich- und gegengeschlechtliche Interaktionspartner zur Verfügung stehen. Für Jungen bedeutet die Anwesenheit eines Mannes ein lebendiges Bild vom eigenen Selbst. So wie dieser Mann ist, so groß und stark will der Junge selbst einmal werden. Macht er doch täglich die Erfahrung, dass er sich körperlich in nicht allzu viel von den Mädchen unterscheidet. Mädchen hingegen können sich nur aus der Identifikation mit Frauen lösen, wenn sie sich einem männlichen „Objekt" zuwenden. Im Kindergarten ist es aber höchst selten, dass Männer und Frauen gleichermaßen zur Verfügung stehen. Das Auftauchen eines Mannes macht Kinder unter Umständen besonders aufmerksam, die Erzieherin verändert ihr Verhalten und ist sich dessen meist nicht bewusst. Wenn es sich um einen männlichen Kollegen handelt, kann das die Wahrnehmung und das Klima im Kindergarten verändern. Erzieherinnen tun sich offensichtlich schwer, einen Mann in

„ihrem Refugium" zu akzeptieren. Da sie selbst bei der Anwesenheit eines männlichen Erziehers in der Überzahl bleiben, wird der Alltag weiter „weiblich" gestaltet.

Die ganze Kindergartenarbeit ist weiblich organisiert, von den Spielen bis hin zu der Auswahl der Lieder oder der Bilderbücher. Erzieherinnen tun sich vielfach schwer, den großen Jungen (und auch den Mädchen) den Umgang mit Hammer und Säge zu ermöglichen, einen Raum zuzugestehen, in dem sie ihrem Bewegungsdrang voll nachkommen können, in dem sie auch schreien und toben dürfen. Bestätigt wird diese Behauptung durch den Blick in „Kinderhäuser", die von Männern geleitet sind. Dort geht es viel lauter und grober zu. Es kommt schon mal vor, dass sich ein Kind verletzt, aber eine ernsthafte Gefährdung ist dennoch nicht festzustellen.

Mütter geben ihre Kinder noch immer lieber in die Obhut von Frauen. Da sind sie sicherer, dass den Kindern nichts passiert und sie von „Schönem" und „Wertvollem" umgeben sind.

Bei Kindergartenbesuchen klagt die Erzieherin in jedem Frühjahr, wenn die Einschulung naht, erneut: „Die Jungengruppe ist so wild, ich weiß gar nicht mehr, was ich noch mit ihnen anfangen kann." Und auch die Mädchen beklagen sich zunehmend über die wilden Jungs.

Immer wieder kommt die Forderung hoch, dass Männer im Kindergarten öfter präsent sein sollten. Mit Väter- und Großväternachmittagen haben dies viele Erzieherinnen versucht und auch positive Erfahrungen gemacht. Wenn die Männer nämlich einmal kommen, dann können wir auch mit ihnen rechnen. Der gute Wille der Väter ist meistens vorhanden. Es fehlt oft an den zeitlichen Möglichkeiten. Zu den Öffnungszeiten des Kindergartens ist der Vater auf der Arbeit und am Wochenende haben weder die Erzieherinnen noch die Väter Lust auf den Kindergarten, manchmal ja auch die Kinder nicht und das halte ich für legitim.

Elternarbeit ist Mütterarbeit! So einfach kann man das nicht mehr formulieren. Da immer mehr Kinder ohne ständige Vaterpräsenz aufwachsen (⅓ der Ehen wird inzwischen geschieden und die Kinder wachsen meist bei den Müttern auf), die Väter zudem noch selten zeitlich und mental für ihre Kinder zur Verfügung stehen, muss die Elternarbeit im Kindergarten alle zur Verfügung stehenden Männer einbeziehen.

Mitarbeit von Männern heißt, alle Alltagsgeschäfte im Kindergarten teilen. Nur so können Kinder, die zu Hause keine Väter haben oder die ein Rollenklischee vertreten, ein anderes Verhalten als ebenso „normal" erleben. Elternarbeit muss deshalb bereits in unserer Kindergartenkonzeption die Mitarbeit von Männern und Frauen vorsehen und entsprechend festlegen.

Das Erstgespräch: Es sollte in einer Zeit stattfinden, in der auch die Väter anwesend sein können. Es ist für das Kind wichtig, diesen ersten Kontakt zum Kindergarten mit Vater und Mutter gemeinsam zu erleben. Lieber wird dieser Termin ein paar mal verschoben, als dass wir es akzeptieren, dass nur ein Elternteil mit dem Kind kommt. In diesem Erstgespräch können wir das Konzept unserer Elternarbeit vorstellen. Elternarbeit ist nicht nur im Gesetz verankert, sondern soll die Kindergartenarbeit die ganze Zeit über begleiten. Nur so ist der Bezug zu den verschiedenen Lebenswelten (und Geschlechtsvorstellungen) unserer Kinder gegeben. Auf jeden Fall werden wir Vätern und Müttern von unseren Vorstellungen berichten und deren Möglichkeiten der Mitarbeit im Kindergarten prüfen.

Der erste Elternabend: Bevor die Kinder in den Kindergarten kommen, ist es sinnvoll, einen Elternabend für die „neuen" Eltern zu planen. Wenn bereits eine gute Elternarbeit existiert, können wir diesen gemeinsam mit dem Kindergartenelternbeirat gestalten. An diesem Elternabend soll die Konzeption vorgestellt werden und die Möglichkeiten und Wünsche der Mitarbeit der Eltern besprochen werden. Die veränderten Familienformen und die geringer werdenden sozialen Kontakte werden ebenfalls ein Gesprächspunkt sein. Der Kindergarten soll nach dem Kinder- und Jugendhilfegesetz (KJHG) die Eltern bei ihrer Erziehungsarbeit unterstützen und begleiten. Das Knüpfen vieler sozialer Kontakte ist eines dieser Unterstützungsmaßnahmen. In diesem Zusammenhang kann auch die geschlechtsspezifische Komponente, nämlich die Verfügbarkeit von Frauen und Männern als Identifikationspersonen angesprochen werden. Beispiele aus dem Kindergartenalltag können diese Notwendigkeit verdeutlichen:

Jutta, Carmen, Carsten und Nicole möchten zusammen „Familie" spielen. Für die Rolle der Mutter melden sich Carsten und Jutta. Nicole möchte das Kind spielen. Carmen möchte die Vaterrolle unter gar keinen Umständen übernehmen, weil es so blöd ist, auf die Arbeit geschickt zu werden und dann nicht mitspielen zu können. Schließlich einigen sich die Kinder, dass sie gar keinen Vater brauchen, da er sowieso nur „stört".

Dieses oder ähnliche Beispiele verdeutlichen den Vätern die Wichtigkeit, sich in den Gesichtskreis ihrer Kinder im wahrsten Sinn des Wortes „einzuspielen". Sie möchten nicht als überflüssige Anhängsel in den Familien gesehen werden. Und im Kindergarten können wir ihnen dazu Gelegenheit geben, sich ihren Kindern auf spielerische Weise zu nähern. Einmal im Monat darf jedes Kind einen Erwachsenen (Vater, Mutter, Großmutter, Großvater) mitbringen. Auch für Väter ist es möglich, diesen Tag ab und zu einzuplanen. Im Kindergarten hat der Vater dann die nötige Zeit, sich mit seinem eigenen Kind einen Vormittag lang ausführlich zu beschäftigen und die Welt, in der sich sein Kind tagsüber aufhält kennen zu lernen. Im Kindergarten kann beispielsweise das Kind bestimmen, welche Rolle der Vater übernehmen soll. Das ermöglicht einen neuen Blickwinkel für beide. Das Gleiche gilt natürlich auch für die Mütter, obwohl diese im Allgemeinen eher bereit sind, sich auch mal auf ein Spiel, das das Kind inszeniert einzulassen.

Diese Form der Elternarbeit verlangt von den Erzieherinnen und von den Eltern die Bereitschaft, aufeinander zuzugehen, sich gegenseitig zu achten, Regeln zu finden und Absprachen einzuhalten.

Mir wurde in meiner Kindergartenpraxis immer wieder deutlich, dass Kinder sich zu Hause und im Kindergarten unterschiedlich, ja manchmal völlig gegensätzlich verhalten. Auch diese Erfahrung können die Eltern nun selbst machen und ihr Kind einmal von einer ganz anderen Seite kennen lernen. Für Elterngespräche ist die eigene Erfahrung des Kindergartenalltags eine gute Grundlage. Wenn wir nun auch die Familiensicht ganz ernst nehmen und bereit sind, „Hausbesuche" zu machen, für die den Erzieherinnen keine zusätzliche Zeit zur Verfügung steht, wird die Zusammenarbeit mit den Eltern eine gute Grundlage für die pädagogische Arbeit mit den Kindern. Hausbesuche geben vor allem unseren ausländischen Mitbürgern die Möglichkeit, uns ihre Welt zu zeigen, ihre Fähigkeiten und Kompetenzen einmal in den Mittelpunkt stellen zu können und sich nicht nur als „fremder" Gast im Kindergarten zu fühlen. Der erste Elternabend könnte folgende Tagesordnungspunkte enthalten:

- Was ist dem Kindergartenteam an der Beziehung zu Müttern und Vätern besonders wichtig?
- Was heißt für uns partnerschaftliche Zusammenarbeit?
- Welche Bedeutung hat die Elternbeiratsarbeit?

Die Eltern können uns schildern,

- welche Wünsche sie an den Kindergarten haben,
- wie sie mitreden und wo sie mitentscheiden wollen,
- welche Formen der Zusammenarbeit sie sich vorstellen und mit uns zusammen ausprobieren möchten und
- welche Zusammenarbeit zwischen den Eltern gewünscht wird.

Dieser erste Elternabend soll zwar in erster Linie informieren und wir können noch nicht viel konkrete Vorstellungen der Eltern erwarten. Aber unsere Vorstellungen und Wünsche können wir deutlich darstellen, unsere pädagogische Vorgehensweise und das dahinterstehende Bild, das wir von Kindern haben den Eltern anschaulich schildern.

Da an diesem ersten Elternabend auch die Wahl der

Elternvertreter stattfinden soll, ist ein zwangloses Gespräch zwischen den Eltern von Vorteil. Eventuell können wir die Wünsche und Vorstellungen der Eltern ohne unser Beisein von den Eltern selbst erarbeiten lassen. Dies hat den Vorteil, dass sie sich besser kennen lernen und offener ihre Wünsche aussprechen. Aus einer solchen Gruppenarbeit ergibt es sich oft von selbst, wen die Eltern als ihre(n) Vertreter(In) in den Elternbeirat wählen.

Die Eltern sollten unabhängig vom Kindergartenteam ein Forum bilden, aus dem Wünsche und Anregungen an den Kindergarten herangetragen werden. In welcher Form dieses gebildet werden kann, ist den Eltern selbst überlassen. Eventuell können sie sich an einen bestehenden Elternstammtisch oder ein wöchentlich während der Kindergartenzeit stattfindendes Elterncafe anschließen.

Der Elternbeirat: Der Elternbeirat bildet für das Kindergartenteam den wichtigsten Kontakt zu der gesamten Elternschaft. Wenn es gelingt, den Elternbeirat mit Männern und Frauen zu besetzen, werden auch die Wünsche von Vätern stärker berücksichtigt. Da uns daran gelegen sein muss, diese Gruppe mehr in die Kindergartenarbeit mit einzubeziehen, können wir diesen Wunsch bei der Wahl des Elternbeirats äußern. Es sind unserer Phantasie keine Grenzen gesetzt, um der Elternarbeit immer wieder neue Impulse zu geben. Unsere Arbeit in den Einrichtungen wird durch vermehrte Elternmitarbeit nicht immer leichter, eher stellen wir vielleicht enttäuscht das Gegenteil fest. Aber soziale Kontakte zu Erwachsenen verschiedenen Geschlechts und verschiedener Altersstufen (die Einbeziehung von Großeltern beispielsweise), die früher selbstverständlich waren, werden für Kinder heute immer seltener. Wenn die eigene Großmutter schon viele hundert Kilometer entfernt wohnt, so erlebt man wenigstens die Großmutter der Spielkameraden.

Von Kindergärten habe ich oft den Eindruck eines „Kinderzoos". Die Kinder werden dort abgegeben, werden von „Wärterinnen" versorgt und dürfen jetzt unter ihresgleichen die ihnen gemäße Pflege und Erziehung erwarten. Schließlich werden sie nach Hause geholt, wo sie die Zeit bis zum Bettgehen dann entweder in ihrem Kinderzimmer oder vor dem Fernseher alleine verbringen. Die Isoliertheit des Kindergartens muss aufhören und eine Überführung in die Lebenswelt von Kindern ermöglicht werden. Dies kann nur geschehen, indem wir den Kindergarten öffnen, uns mit den Kindern zusammen hinausbegeben und andere hereinholen. Dazu kann eine gute Elternarbeit die Voraussetzung werden. Was müssen wir den Eltern über Jungen- und Mädchenverhalten rückmelden? Elternarbeit ist Arbeit mit Männern und Frauen, nicht Mütterarbeit. Das ist eine Selbstverständlichkeit und kann den Eltern auch leicht klargemacht werden. Aber Elternarbeit unter dem geschlechtsspezifischen Aspekt verlangt noch zusätzliche Überlegungen und Maßnahmen.

Bei Debatten über Frauenquoten, Abbau der Benachteiligung von Frauen im Beruf und von Mädchen in der Schule kann uns auch im Kindergarten die Situation von Mädchen nicht gleichgültig sein. Auch im Kindergarten werden Mädchen benachteiligt. Es wurde festgestellt, dass Erzieherinnen durch die (vor)lauten Äußerungen von Jungen immer wieder dazu gebracht werden, diese in Gesprächen öfter zu Wort kommen zu lassen und ihre Beiträge höher zu bewerten. Jungen sind ungezogener, Erzieherinnen bringen mehr Zeit damit zu, die Jungen zu befrieden als mit den Mädchen zu spielen. Mädchen sind angepasst, stehen zur Verfügung, wenn man sie braucht (z. B. beim Aufräumen) und können auch einmal für sich selbst sorgen. Jungen muss man ständig im Auge behalten.

In neueren Forschungen hat man nun aber festgestellt, dass auch Jungen Benachteiligungen unterliegen. Sie werden strengeren geschlechtsspezifischen Regeln unterworfen, können ihr erwünschtes Selbstbild vom starken und mächtigen Jungen nur selten „spüren", außer, wenn sie sich wie Rambo gebärden und sich mit anderen Jungen in einer Bande zusammenschließen. Sie dürfen fast alles, nur nicht weiblich sein, das heißt, in der Öffentlichkeit keine Kleider anziehen, nicht weinen (das wird Jungen und Männern auch heute häufig nur im privaten Rahmen zugestanden) und sich nicht klein und verletzlich fühlen. Dass sie aber dennoch einen zarten Körperbau besitzen, den altersgleichen Mädchen in der Entwicklung hinterherhinken, öfter krank sind als Mädchen, verletzlich und hilflos sind, das wissen sie sehr wohl. Aber es ist ihnen nicht erlaubt, wenn sie einmal richtige Männer werden wollen. So können sie sich mit „Mädchen ärgern" aufspielen, mit Stöcken und Waffen ihr Kraftpotential vergrößern und sich mit Schreien und Herumtoben Raum verschaffen. Mädchen gehen willig zur Seite, äußern Angst vor den „kleinen Helden" und verstärken so das Geschlechtsrollenstereotyp bei sich selbst und den Jungen. Und die Erzieherinnen wissen oft nicht, wie sie damit umgehen können.

„Männer in die Kindergärten" ist eine Forderung. Aber Männer sind eben mächtig und stark und Jungen sind ohnmächtig, klein, winzig und verwundbar. Sicher hilft es Jungen einen mächtigen Partner neben sich zu haben, der alles hat, was man sich selbst wünscht, und der einem das Gefühl gibt, eines Tages selbst so sein zu dürfen.

Für die Jungen in unseren Kindergärten ist die Anwesenheit von Männern wichtig. Aber die Männerrolle verändert sich, wenn auch nur allmählich und in wenigen Aspekten. Wie sie in zwanzig Jahren gelebt wird, das wird heute im Kindergarten mit entschieden.

Wir können im Kindergarten die Geschlechtsrollen nicht verändern, schon gar nicht, weil wir Frauen sind und sich Jungen von Frauen abgrenzen müssen, um männlich zu werden.

Wir brauchen die Hilfe der Eltern und ihre Mitarbeit, um uns gegenseitig zu sensibilisieren und miteinander am gleichen Strang zu ziehen. Die Hilfe von Vätern ist aus diesem Grund besonders nötig. Wir benötigen sie, weil auch die Kinder, die zu Hause keinen Vater erleben, den „lebendigen" Mann kennen lernen sollen. Wir brauchen sie aber auch zum Austausch und zur Reflexion unserer Arbeit. Sie können uns sagen, was an unserer Kindergartenarbeit für sie „fragwürdig" ist, vor allem in Bezug auf die geschlechtsspezifische Bevorzugung oder Benachteiligung, sie können ihre eigenen Empfindungen mitteilen, dass wir Jungen besser verstehen und einschätzen lernen. Die Mitarbeit von Vätern kann sehr hilfreich, aber auch sehr anstrengend für das Kindergartenteam sein. Es lohnt sich, die nötige Offenheit dazu aufzubringen. Vielleicht brauchen wir auch noch Hilfe von außerhalb, eventuell in Form einer Beratung oder eines Vortrages über dieses Thema.

Eine Möglichkeit, uns der Problematik der geschlechtsspezifischen Sozialisation zu nähern, wäre die gemeinsame Gestaltung eines Projektes. Wie es auch bei den Projektwochen am Ende des Schuljahres in den Schulen inzwischen üblich ist, ist Elternmitarbeit nicht nur erwünscht, sondern wird als selbstverständlich und bereichernd angesehen. Um diese Problematik möglichst bald anzugehen, wäre die Projektarbeit bereits beim Eintritt in den Kindergarten, z. B. nach der ersten Eingewöhnungsphase nach den Herbstferien sinnvoll. Einmal für diese Problematik sensibilisiert, würden Eltern und Erzieherinnen mit den Kindern eventuell ihr Verhalten überdenken.

Als Anregung füge ich hier eine Projektplanung für geschlechtsspezifische Erfahrungen (Blank-Mathieu 1996) an, die je nach den gegebenen Umständen und Voraussetzungen verändert werden kann: Am Anfang jeden Projektes steht eine Idee, ein besonderes Interesse der Kinder und der Erzieherin bzw. aller am Projekt Beteiligten. Konkrete Anlässe könnten beispielsweise sein:

- ein Bilderbuch über vertauschte Berufsrollen
- ein männlicher Erzieher im Kindergarten
- Berufe als Thema einer Kindergarteneinheit
- Verkleidungsspiele
- Probleme mit einer Jungengruppe oder Mädchengruppe
- Kinderstreit um Spielzeug oder Spielräume
- Konflikte mit einem Jungen oder Mädchen

Nach einem Elternabend zu diesem Thema könnte die Diskussion auch durch die Eltern angestoßen sein, und Kinder und Erzieherin zu einem speziellen Projekt anregen. Auf jeden Fall müssen Richtziele vorhanden sein, z. B.: Welche Erfahrungsmöglichkeiten sollen die Kindergartenkinder in diesem Projekt bekommen?

Die Kinder können ihr Wissen über geschlechtsspezifische Festlegungen einbringen, erweitern und verändern, ihre Sozial- und Handlungskompetenzen festigen und ihre Einstellungen und ihre Haltung zum anderen Geschlecht überdenken und verändern.

Mögliche Aktionen: Im Kindergartenteam wird zunächst überlegt, welche Aktionen geeignet erscheinen:

- Wie können Kinder vielfältige, ganzheitliche Erfahrungen machen?
- Welche Personengruppe soll einbezogen werden?

- Welche Kinder werden ausgewählt?
- Wie kann das Umfeld des Kindergartens mit einbezogen werden?
- Welche Informationen sollen nach draußen gelangen?
- Wie könnte eine Dokumentation aussehen?

Anschließend werden mögliche Aktionen im Brain-storming gesammelt:

- Besuch bei einem „Hausmann"
- eine Frau stellt uns ihren (untypischen) Beruf vor (z. B. eine Omnibusfahrerin)
- Jungen dürfen kochen, waschen, bügeln, häkeln usw.
- Mädchen arbeiten beim Schreiner in der Nachbarschaft mit
- ein Bilderbuch mit vertauschten Rollen wird vorgestellt
- der Kindergarten wird umgestaltet, andere Spielecken und -räume entstehen
- das Thema wird in Rollenspielen oder Theateraufführungen aufgenommen
- vertauschte Rollen geben Anlass zu anderem Verhalten

Nach dieser Vorplanungsphase geht es in die Hauptplanung. Im Folgenden wird ein Beispiel einer gemeinsamen Planung und Durchführung mit der Kindergruppe aufgezeigt: Wir erzählen den Kindern anhand einer Bilderbuchbetrachtung, eines Stuhlkreisgespräches, einer Begebenheit im Kindergarten oder einer Beobachtung eines Rollenspieles von unserem Vorhaben. Die Kinder können Vorschläge machen, was sie gerne zu diesem Thema unternehmen oder ausprobieren möchten. Wo man Männer und Frauen treffen kann, die typische oder untypische Arbeiten verrichten. Anschließend ergänzen wir unsere Vorschlagsliste nach den Kinderwünschen und legen fest, womit wir das Projekt beginnen wollen. Der folgende Projektverlauf wäre z. B. denkbar:

1. Tag: Wir spielen im Kindergarten „verkehrte Welt". Jungen kommen als Mädchen, Mädchen als Jungen verkleidet in den Kindergarten und spielen einen Vormittag lang in dieser Rolle.

Reflexion und mögliche Lernerfahrung: Die Kinder haben sich in der andersgeschlechtlichen Rolle erlebt und können berichten, wie sie sich dabei gefühlt haben.

2. Tag: Wir besuchen eine Frau oder einen Mann in einem untypischen Beruf.

Reflexion und mögliche Lernerfahrung: Kinder machen die Erfahrung, dass Männer und Frauen unterschiedliche Berufe erlernen können, und dies nichts mit ihrer Geschlechtszugehörigkeit zu tun haben muss.

3. Tag: Wer kann was besonders gut? Jungen und Mädchen dürfen zeigen, was sie besonders gut können und dies anderen Kindern lernen, z. B. Seil springen, auf einem Bein hüpfen, Flieger bauen, häkeln, basteln, sägen usw.

Reflexion und mögliche Lernerfahrung: Die Erfahrung, dass ich selbst etwas besser kann als andere, dass ich aber auch von anderen Kindern etwas lernen kann, ganz gleichgültig, ob ich ein Junge oder ein Mädchen bin, stärkt das Selbstbewusstsein, zeigt aber auch deutlich, dass Jungen und Mädchen gleichermaßen in der Lage sind, alles zu erlernen.

4. Tag: Wir gestalten den Kindergarten um. Die Puppenecke und die Bauecke verschwinden. Dafür überlegen wir gemeinsam, welche Spielräume wir haben möchten. Die Kinder gestalten mit der Erzieherin (und den Eltern) die Räume um und spielen anschließend darin.

Reflexion und mögliche Lernerfahrung: In diesen veränderten Spielräumen machen Jungen und Mädchen andere Erfahrungen, auch miteinander.

5. Tag: Anhand einer Bilderbuchbetrachtung werden die Rollenverteilungen innerhalb der Familien thematisiert. Wer ist in den Familien für welche Arbeiten zuständig?

Reflexion und mögliche Lernerfahrung: Die Kinder erfahren, dass die geschlechtsspezifische Rollenverteilung nicht natürlich ist, sondern verschieden gehandhabt werden kann. Das Thema Familie könnte weiter ausgebaut werden, wenn die Kinder dies wünschen oder als eigenes Projekt geplant werden.

6. Tag: Männer und Frauen stehen den Kindern als Ansprechpartner zur Verfügung. Väter oder Großväter arbeiten mit der Erzieherin gemeinsam und teilen alle Aufgaben des Kindergartenalltags, wie z.B. das Aufräumen, das Abwischen der Tische, das gemeinsame Ansehen von Bilderbüchern, das Herrichten der Vesper, usw.

Reflexion und mögliche Lernerfahrung: Es ist nichts Besonderes, wenn Männer im Kindergarten sind. Trotzdem machen die Mädchen, Jungen und das Kindergartenteam unterschiedliche Erfahrungen.

7. Tag: Mädchen und Jungen spielen einen Tag in einer gleichgeschlechtlichen Gruppe zusammen. Ein Gruppenraum steht nur den Mädchen, ein anderer nur den Jungen zur Verfügung. So können alle Kinder alle Spielmöglichkeiten nutzen.

Reflexion und mögliche Lernerfahrung: Ein Austausch über den Tagesablauf macht einiges deutlich, was anhand einzelner Fragen geklärt werden kann: Welche Spielecken wurden nicht genutzt, anders als sonst? Welche Spielkameraden hat man vermisst, welche Spielräume wurden vom anderen Geschlecht erobert?

8. Tag: Vertauschte Rollen: Die Kinder dürfen den Tagesablauf weitgehend selbst gestalten. Die Erzieherin hilft bei der Planung mit, indem sie verschiedene Kindergruppen bildet, die die Tagesplanung übernehmen dürfen. Sie können gemeinsam folgende Punkte planen:

- die Freispielphase (draußen oder drinnen bzw. die Raumverteilung)
- Vesperphase (wann, zusammen oder jeder für sich)
- Bastelangebote (wenn ein oder mehrere Kinder Vorschläge haben)

– Bilderbuchbetrachtung
– Stuhlkreis, Lieder oder Spiele

Reflexion und mögliche Lernerfahrung: Gab es Schwierigkeiten bei den Absprachen? Wer konnte sich durchsetzen, mehr die Jungen oder die Mädchen? Wurden eigene Fähigkeiten erprobt? Jede Einrichtung muss an den Erfahrungen der Kinder und ihrer Lebenswelt, sowie an einem konkreten Anlass, einer Schlüsselsituation anknüpfen und das Projekt entsprechend den gemeinsam besprochenen Themenschwerpunkten gestalten.

Als möglichen Projektabschluss ist ein **Eltern-Kindertag** denkbar. Väter und Mütter (auch Großväter und Großmütter) machen eigene Angebote, stellen ihre Fähigkeiten als Aktivitätsangebote zur Verfügung. Die Kinder können sich dann aussuchen, bei wem sie mitmachen und was sie besonders interessiert. Zum Schluss werden am Lagerfeuer gemeinsam mit Eltern, Großeltern und Erzieherinnen Würstchen und Stockbrot gebraten, Geschichten erzählt und Lieder gesungen.

Reflexion und mögliche Lernerfahrung: Am Ende des Projektes stehen die Reflexion und Auswertung mit den Kindern und Eltern sowie im Kindergartenteam der gemachten Erfahrungen. Was soll daraus für die Zukunft beibehalten werden? Denkbar ist auch eine Darstellung des Projektes für die Öffentlichkeit in Form einer Fotoausstellung, eines Videofilms, einer Ausstellung der hergestellten Gegenstände, einer Kindergartenzeitung oder eines Besuch von einem Reporter der Tageszeitung.

Wenn Elternarbeit mit einer gemeinsamen Projektarbeit beginnt, werden sich im Laufe des Kindergartenjahres viele Möglichkeiten zur gemeinsamen Gestaltung von Festen und Veranstaltungen ergeben. Denkbar ist auch eine Zusammenarbeit mit anderen Institutionen, wie beispielsweise der örtlichen Museumspädagogik, die sicherlich auch einiges zum Thema Geschlechtsrollenverhalten – früher, heute und vor allem auch in anderen Kulturen – zu bieten hat.

7 Schlussgedanken

Kinder wachsen in eine Welt hinein, in der Rollenklischees und ein geschlechtsspezifisch starres Verhalten nicht wünschenswert sind. Jungen wie Mädchen müssen mit ständig neuen Anforderungen bezüglich der Ausfüllung ihrer Geschlechtsrolle rechnen.

Mädchen werden heute bereits rollenoffener erzogen. Jungen dagegen sehen sich ambivalenten Ansprüchen der Gesellschaft gegenüber. Einerseits sollen sie sich nicht als Macho gebärden, andererseits dürfen sie aber auch nicht „weibisch" werden. Frauen, das heißt, Mütter und Erzieherinnen, Lehrerinnen und Großmütter haben unterschiedliche Vorstellungen darüber, wie Jungen zu sein haben. Deshalb ist es vor allem für Jungen schwer, ihre geschlechtsspezifische Identität zu finden. Frauen können dabei wenig tun. Sie müssen Männer finden, die ihnen bei der Erziehung helfen und sich als Modelle für Jungen zur Verfügung stellen. Männer sind aber weniger verfügbar und leben heute oft selbst in Rollenkonflikten, da sie sich unterschiedlichen Erwartungen in Beruf und Familie gegenübersehen.

Nur Frauen und Männer gemeinsam können Kindern beiderlei Geschlechts zu einem rollenoffeneren Verständnis führen. Dabei muss auch immer das Wesen des Kindes und seine eigene Vorstellung bedacht werden. Das Kind ist Kokonstrukteur seines „Selbst" und seines individuellen Weltbildes. Es wählt aus den vorhandenen Anregungen, Impulsen und Personen, denen es begegnet, aus, was es für bedeutsam hält und was es in sein

Selbstbild (auch geschlechtsbezogen) integrieren will. Dies geschieht zwar größtenteils unbewusst, wird aber gerade dadurch einer Reflexion in späteren Jahren weniger zugänglich. Ich habe versucht, dafür Anregungen zu geben. Die Selbstreflexion können diese Anregungen nicht ersetzen. Auch die Rahmenbedingungen der Institution erfordert einen flexiblen Umgang mit den vorgeschlagenen Methoden. Eltern und Erzieherinnen müssen immer wieder gemeinsam und phantasievoll überlegen, wie sie den Erkenntnissen der geschlechtsspezifischen Sozialisation begegnen können.

Es gibt viele Möglichkeiten, Mädchen und Jungen ihre Stärken und Schwächen erfahrbar zu machen, sie in ihrem Selbstwertgefühl zu stärken und ihnen eine Frauen- oder Männerrolle vorzuleben, die attraktiv genug ist, um in das eigene Selbstbild integriert zu werden.

Das Selbstbewusstsein der Kinder zu stärken und ihr Selbstwertgefühl zu unterstützen, ist vielleicht die wichtigste Aufgabe im Kindergarten. Aus selbstbewussten Jungen und Mädchen werden eines Tages selbstbewusste Frauen und Männer, die miteinander in einem offenen Dialog ihre Rollen immer wieder neu definieren lernen.

Literatur

◆ *Bilderbücher mit traditionellen Rollenbildern*

Bydlinski, G. (2000): Daniel hilft wie ein Großer. Annette Betz Verlag, Wien
Der kleine Daniel möchte gerne im Haushalt mithelfen. Dabei passiert ihm so manches Missgeschick, doch Gott sei Dank nehmen es seine Eltern mit Humor.

Duncan, P. (1998): Honk! Baumhaus-Verlag, Frankfurt/Main
Mimi – ein Schwan – liebt Ballett über alles. Sie tanzt für ihr Leben gern. Eines Tages wird in der Oper Schwanensee aufgeführt und Mimi gelingt es auf die Bühne zu gelangen. Der Erfolg ist ihr sicher. Nur Mut!

Frey, J., Kernke, G. (2002): Nur Mut. Vorleseschichten ab 3. Ravensburger Verlag
Vorlesegeschichten von ganz alltäglichen Situationen im Leben von Kindern.

Got, Y. (2001): Ninos Autos. Gerstenberg, Hildesheim
Nino mag Autos. In jeder Lebenslage. An jedem Ort. Er erlebt mit seinen „Autos" viele Abenteuer, und erfindet ständig neue Geschichten mit ihnen.

Hänel, W. (2001): Oskar, der kleine Elefant haut ab! Nord-Süd-Verlag, Gossau
Oskar, der kleine Elefant, ist beleidigt. Weil ihn seine Schwester und sein Bruder ärgern und die Mutter nie recht zuhört, beschließt er alleine ans ferne Meer zu laufen. Als es aber dunkel wird, bekommt Oskar Angst und möchte wieder nach Hause.

McConell, D. (2000): Platz da, hier kommt Supermax. Edition Riesenrad
Minimax heißt eigentlich Maximilian und möchte gerne ein Superheld sein. Er zieht sich wie ein großer Held an und ret-

tet allerlei Getier wie Schmetterlinge und Marienkäfer. Aber seine große Schwester hält ihn nur für einen „Superidioten". Das ändert sich jedoch, als Minimax aus dem Zimmer der Schwester eine Spinne in den Garten trägt.

Seyffert, S. (2001): Das große Buch vom Kindergarten. Annette Betz Verlag, Wien
Ein Bilderbuch, das Kindergartenszenen zeigt, wie sie in den meisten Kindergärten vorzufinden sind. Es gibt keine geschlechtsbezogenen Zuweisungen, wobei in der Puppenecke ausschließlich Mädchen spielen. Auch sonst sind unterschwellige Rollenzuweisungen festzustellen, was aber Gespräche über Jungen und Mädchen in den Einrichtungen durchaus anregen könnte.

Treiber, J. (2000): Weil – das wird immer so sein! Dachs-Verlag, Wien
Einen großen Bruder zu haben, das ist doch ungerecht, so findet Hannes. Denn dauernd darf der Sachen machen, die ihm selbst noch nicht erlaubt sind und – das wird immer so sein. Deshalb wird er ausziehen. Seine Sachen packend erklärt er dies seinen Eltern. Verständnis und Einfühlungsvermögen zeigend, lassen die Eltern Hannes spüren, dass sie ihn lieb haben.

◆ *Bilderbücher über Freundschaften*

Genechten, van G. (2001): Nicki und Anni. Ueberreuter, Wien
Nicki mag Anni und versucht, sich ihr zu nähern – das ist gar nicht so leicht. Ein Bilderbuch für Jungen und Mädchen.

Kulot, D. (2000): Ein kleines Krokodil mit ziemlich viel Gefühl. Thienemann, Stuttgart/Wien
Seit Tagen läuft das Krokodil ruhelos umher. Mal ist ihm kalt, mal ist ihm heiß, mal ist er glücklich, mal zu Tode betrübt. Ein klarer Fall: Krokodil ist verliebt. Das Problem nur ist: Diejenige, in die er verliebt ist, ist eine Giraffe.

Laube, S. (2000): Cornelius sucht den Weihnachtsmann. Annette Betz, Wien

Cornelius geht auf die Suche nach dem Weihnachtsmann und findet in der alten Bratapfelverkäuferin, die ihm Geschichten erzählt und mit ihm Weihnachtslieder singt, seine Weihnachtsfrau.

Munsinger, L. (2000): Was Omas am besten können und was Opas am besten können. Lentz, München
Zwei ineinander vereinte Bilderbücher über die Beziehung und gemeinsamen Aktivitäten von Großvätern/-müttern mit bzw. zu ihren Enkelkindern.

Verrept, P. (2000): Du fehlst mir. Gabriel, Wien
„Du fehlst mir" handelt vom Gefühl des Vermissens. Es erzählt die Geschichte von einem kleinen Jungen, der seine Freundin vermisst, die weggezogen ist, und die Geschichte dessen Opas, der seine verstorbene Frau vermisst. Das Buch vermittelt, wie sich das Vermissen für die beiden anfühlt, und was sie jeweils tun, um mit diesem Gefühl zurecht zu kommen.

Weniger, B. (2000): Herzlichen Glückwunsch, Pauli. Neugebauer-Verlag, Zürich
Der kleine Hase Pauli kann seinen Geburtstag fast nicht erwarten. Als es endlich so weit ist, erfüllen sich alle seine Wünsche. Neben vielen lieben Geschenken bekommt er von seinen Großeltern viel Zeit geschenkt, die mit Lesen, Spielen und Schmusen verbracht wird.

Widerberg, S. (1988): Es waren einmal eine Mama und ein Papa. Oetinger
Ein Buch über vertauschte Rollen von Eltern und Kindern

Bilderbücher besonders für Jungen

Bloom, B. (2000): Sechs Mäuse und ein Igel. Baumhaus, Frankfurt/Main
Mit den Zauberstiften seiner Schwester beginnt Robbie zu malen: ein rotes Auto, einen Fahrer dazu und im Nu spazieren sechs lebendige Mäuse und ein Igel durch sein Zimmer. Ein heilloses Durcheinander entsteht, bis Robbie die Mäuselehrerin Ordnung schaffen lässt.

Janisch, H. (2000): Heut bin ich stark. Ueberreuter, Wien

Auch Kinder von Superhelden unterliegen von Geburt an dem Erwartungsdruck ihrer Eltern: Leuchtende Farben – ein Superman-Baby in Pampers! – Eine Kombinationen aus klarer Illustration, die Wesentliches in den Grundfarben darstellt, und kindgerechter Sprache, die dem Bild entspricht, aufgelockert durch witzige Comicdarstellungen. Fazit: Kindliche Entwicklung unterliegt ihrer eigenen Gesetzmäßigkeit. Dass Jungen stark sein sollen ist das Thema dieses Buches. Dies gelingt nicht immer und manchmal nur mit ganz speziellen Tricks. Die Geschichte von Max erzählt dieses. Als er schließlich Lisa begegnet, verlässt ihn alles, was ihn vorher stark gemacht hat. Aber Lisa bevorzugt auch eine andere Art des Starkseins. Dass die geschlechtsbezogene Sozialisation Jungen immer noch zwingt, Stärke zu beweisen wird hier am Beispiel von Max deutlich. Aber auch die unterschiedliche Bewertung kommt durch die Gestalt von Lisa zum Ausdruck.

Maar, A. (2000): Pozor. Bajazzo-Verlag, Zürich

Dieses Bilderbuch handelt von Pozor, einem großen Hund, vor dem alle Menschen Angst haben, und Lukas, einem kleinen Jungen, der Dompteur werden möchte. Als sich die beiden begegnen, rechnet Pozor sofort damit, dass er den kleinen Jungen ängstigt, und will fast schon wieder gehen. Doch Lukas beschließt, sich keine Furcht anmerken zu lassen. Beide springen ein wenig über ihren Schatten und gewinnen dadurch die Freundschaft zueinander.

Meir, S. (1994): Papa nervt. Diogenes, Zürich

Humorvolles über die verteilten Rollen von Vater und Mutter

◆ Bilderbücher besonders für Mädchen

Dahimene, A. (2001): Das Brillenhuhn. Carlsen, Hamburg

Auf der Hühnerfarm leben 52 weiße Hühner. Das kleinste trägt eine Brille mit schwarzem Rand. Das Brillenhuhn beobachtet seine Umgebung ganz genau. Und es weiß: In der Nacht kann der Fuchs kommen. Aber das kleine Brillenhuhn ist wachsam und – es ist schlau …

Konsek, D. (2000): Jue und die Traumvögel. Picus-Verlag, Wien
Der kleinen Julia gelingt es den König davon zu überzeugen, die Traumvögel seiner Untertanen wieder freizulassen. Jetzt erfüllt Musik und Lachen das Land.

Monnier, M. (2001): Ich bin ich. Neugebauer-Verlag, Gossau
Bin ich klein oder bin ich groß, fragt sich das Mädchen. Wenn ich still sein soll, dann bin ich schon groß, und wenn ich jemanden zum Spielen suche, bin ich noch zu klein. Um Selbstbewusstsein zu entwickeln, müssen Kinder diese Spannung aushalten lernen.

Schober, M. (2002): Mimaus und die Mutmachpuppe. Ravensburger Verlag, Ravensburg
Die kleine Maus hilft dem ängstlichen Schweinejungen, damit er mutig und stark sein kann. Ein Buch, das zeigt, wie Mädchen auch Jungen vorleben können, sich etwas zu trauen und mutig zu werden.

◆ *Bücher aus fremden Ländern und Kulturen*

Elschner, G. (2001): Kleine Indianerin, tanzendes Blatt. Neugebauer-Verlag, Gossau
Das Leben in einer fremden Kultur wird hier geschildert. Da es sich um eine Mädchengeschichte handelt, ist sie vor allem für Mädchen interessant. Ein starkes Mädchen in einem fremden Land wird hier vorgestellt, was dieses Buch für die Identitätsfindung von Mädchen besonders geeignet macht.

Färber, W. (2001): Geschichten vom kleinen Indianer. Loewe, Bindlach
Die vier Geschichten vom kleinen Winnotami geben selbst den kleinsten Zuhörern einen Einblick in die Welt der Indianer.

Indianer (2002) aus der Reihe „Alles, was ich wissen muss". Ravensburger-Verlag, Ravensburg
Wie Männer und Frauen, Jungen und Mädchen bei den Indianern gelebt haben, wird in diesem Bilderbuch realistisch abgebildet. Vor allem auf die geschlechtstypische Sozialisation wird hingewiesen. So kann dieses Buch zur Thematisie-

rung geschlechtstypischer oder untypischer Verhaltensweisen in unserer Kultur anregen.
Weniger, B. (2000): Luftpost für den Weihnachtsmann. Neugebauer-Verlag, Zürich
Amin, ein armer Junge, der in einem kleinen Bergdorf lebt, schickt dem Weihnachtsmann mit einem Luftballon einen Wunschbrief. Sein Wünschen hilft.

◆ Bücher zum Thema Geschlechtsidentität

(zur Vorbereitung eines Elternabends oder einer Teamsitzung)

Gilbert, S. (2000): Typisch Mädchen! Typisch Jungen! Walter-Verlag, Düsseldorf/Zürich
Als Elternbuch konzipiert, aus dem Amerikanischen übersetzt und kann daher nicht in allen Punkten auf Deutschland übertragen werden.
Oppermann, K., Weber, E. (1998): Frauensprache – Männersprache. mvg-Verlag, Landsberg
Hinweise auf unterschiedliche Sprachstile von Männern und Frauen.
Pease, A., Pease, B. (2001): Warum Männer nicht zuhören und Frauen schlecht einparken. Ullstein-Verlag, München
Ein Buch, in dem Frauen- und Männerverhalten anhand der kulturellen Vergangenheit erklärt wird, aus dem australischen Englisch übersetzt, sehr lebendig geschrieben, für den Kindergarten allerdings weniger geeignet.

◆ Weitere Bücher

Aufenanger, Stefan (Hrsg.)(1991): Neue Medien – Neue Pädagogik? Bundeszentrale für politische Bildung, Bonn
Barthelmes, J. et al. (1991): Was geschieht mit kleinen Mädchen? 15. Aufl. Frauenoffensive, München
Blank-Mathieu, M. (1994): Zwischen Macho und Softie. Unveröffentlichte Diplomarbeit, Reutlingen

– (1996): Jungen im Kindergarten. Brandes & Apsel, Frankfurt
– (1999): Sexualität im Leben von Kindern und Jugendlichen, Familiäre Bezugssysteme. In: Blank-Mathieu, Gebhardt, Kocz u. a. (Hrsg.): Erziehungswissenschaft. Bd. II. Bildungsverlag EINS, Neusäß
– (2001): Sozialisation, Selbstkonzept und Entwicklung der Geschlechtsidentität von Jungen im Vorschulalter. Unveröffentlichte Dissertation (über Universitätsbibliothek Tübingen herunterladbar), Tübingen
– (1996a): Geschlechtsspezifische Erziehung im Kindergarten. 20. Lieferung. In: Schüttler-Janikulla, K. (1997)
– (1996b) Geschlechtsspezifischer Aspekt im Bilderbuch. 20. Lieferung. In: Schüttler-Janikulla, K. (1997)
– (1997): Entwicklung der Geschlechtsidentität. 21. Lieferung. In: Schüttler-Janikulla, K. (1997)
– (1998a): Öffnung ins Gemeinwesen, was brauchen Kinder heute? 26. Lieferung. In: Schüttler-Janikulla, K. (1997)
– (1998b): Zusammenarbeit mit Eltern unter dem Aspekt des Geschlechtsrollenlernens. 27. Lieferung. In: Schüttler-Janikulla (1997)
– (1998c): Was eine Kinderzeichnung verrät. 29. Lieferung. In: Schüttler-Janikulla (1997)
Braun, D. (2000): Lasst die Kinder an die Maus! Herder, Freiburg
Bundeszentrale für politische Bildung (1991) (Hrsg.): Neue Medien, Freunde unserer Kinder? Bonn
Charlton, M., Neumann-Braun, K. (1992): Medienkindheit Medienjugend. Quintessenz, München
Dinnerstein, D. (1979): Das Arragement der Geschlechter. Deutsche Verlagsanstalt, Stuttgart (Titel der Originalausgabe: Flitner, A.: Gerechtigkeit als Problem der Schule. In: Zeitschrift für Pädagogik Flitner, A. (Hrsg.) (1978): Das Kinderspiel. München
Fried, L. (1989): Sexismus im Kindergarten. Beiträge zur Sexualwissenschaft und Sexualpädagogik. Erziehungswissenschaftliche Hochschule Rheinland-Pfalz
Fritz, J. (1992): Spielzeugwelten. 2. Aufl. Juventa, Weinheim
Fthenakis, W. E. (1991): Väter. Bd. 1 und Bd. 2. 2. Auflage. Urban & Schwarzenberg, München

Furth, G. M. (1997): Heilen durch Malen, die geheimnisvolle Welt der Bilder. 3. Auflage. Walter, Olten

Geulen, D. (Hrsg) (1989): Kindheit. Deutscher Studien-Verlag, Weinheim

Grabrucker, M. (1996): Typisch Mädchen. 11. Auflage. Fischer, Frankfurt

Haas-Rietschel, H. (1994): Ein Alltag ohne Vater. In: No chauvis, no cowboys, no softies any more. In: Erziehung und Wissenschaft 2, 10–11

Hagemann-White, C. (1984): Sozialisation: weiblich-männlich. Leske und Budrich, Opladen

Kohlberg, L (1974): Analyse der Geschlechtsrollenkonzepte. Suhrkamp, Frankfurt

Krappmann, L. (1988): Soziologische Dimensionen der Identität. 7. Aufl. Klett-Cotta, Stuttgart

Mertens, W. (1992): Entwicklung der Psychosexualität und der Geschlechteridentität. Kohlhammer, Stuttgart

Merz, F. (1979): Geschlechtsunterschiede und ihre Entwicklung. Verlag für Psychologie, Göttingen

Mitscherlich, A. (1978): Auf dem Weg zur vaterlosen Gesellschaft. 12. Aufl. Piper, München

Paus-Haase, I., Höltershinken, D., Tietze, W. (1990): Alte und neue Medien im Alltag von jungen Kindern. Lambertus, Freiburg i. Br.

Prengel, A. (1990): Erziehung von Mädchen und Jungen. In: Pädagogik 7–8, 11–12

Rohrmann, T. (1994): Junge, Junge, Mann o Mann. Rowohlt, Reinbek

Scheu, U. (1977): Wir werden nicht als Mädchen geboren, wir werden dazu gemacht. Zur frühkindlichen Erziehung in unserer Gesellschaft. Frankfurt

Schnack, D., Neutzling, R. (1990): Kleine Helden in Not. Rowohlt, Reinbek

Schüttler-Janikulla, K. (Hrsg.) (1997): Handbuch für ErzieherInnen. In Krippe, Kindergarten, Vorschule und Hort. mvg, Landsberg/Lech

Verlinden, M. (1995): Mädchen und Jungen im Kindergarten. 2. Auflage. Sozialpädagogisches Institut, Köln

Die Buchreihe
„Kinder sind Kinder"

Die bewährte Ratgeber-Reihe „Kinder sind Kinder" gibt fundierte Antworten auf die verschiedensten pädagogischen Fragen und bietet praktische Hilfestellung und nützliche Tipps bei der Bewältigung von Schwierigkeiten in den verschiedenen Entwicklungsstufen vom Baby bis zur Pubertät.

Hermann Liebenow
Taschengeld & Co

Band 19

Hermann Liebenow beschreibt beeindruckend konkret, wie sich das Verständnis für Geld vom Kindesalter bis ins frühe Erwachsenenalter hinein entwickelt. Er schildert, welche Gelderfahrungen zu welchem Entwicklungsalter passen und wieviel Taschengeld für welches Alter angemessen ist. Weiterführende Internet-Adressen runden diesen informativen Elternratgeber ab.

So lernt Ihr Kind sparen und ausgeben

Mit Zeichnungen von Manfred Bofinger

2002
140 Seiten. 5 Tab.
(3-497-01609-8) kt

Joachim Rumpf
Schreien, schlagen, zerstören

Band 21

Der Umgang mit aggressivem Verhalten ist so vielschichtig wie das Phänomen selbst. Wichtig ist es, dass Eltern sich über Aggressionen, ihre Erscheinungsformen und Ursachen informieren und sich Wissen aneignen, wie man in unterschiedlichen Situationen mit der Aggressivität eines Kindes umgehen kann. Joachim Rumpf veranschaulicht anhand von zahlreichen Fallbeispielen, wie Eltern auch schwierige Situationen in der Familie meistern können.

Mit aggressiven Kindern umgehen

2002. ca. 155 Seiten
(3-497-01629-2) kt

Band 17

Christine Hagemann / Ingrid Börner
Montessori für Vorschulkinder

2000
108 Seiten. 22 Abb.
(3-497-01541-5) kt

Mit dem Ansatz von Maria Montessori können Kinder gezielt und gleichzeitig kindgemäß auf die Schule vorbereitet werden. Wie lassen sich die Montessori-Materialien im Kindergarten zur Schulvorbereitung einsetzen? Welche Fähigkeiten kann man damit fördern? Welche Qualifikationen braucht die Erzieherin?
Das vorliegende Buch beantwortet diese Fragen und zeigt in einem ausführlichen Praxisteil, wie man die Schulvorbereitung für Kinder von fünf und sechs Jahren mit Montessori-Material im Kindergarten gestalten kann.

Band 15

Karl E. Dambach
Mobbing in der Schulklasse

2., überarb. und erw. Aufl. 2002
115 Seiten
(3-497-01588-1) kt

Kinder hänseln MitschülerInnen, weil sie anders aussehen oder unsportlich sind. Sie grenzen andere wegen schlechter oder auch wegen herausragender schulischer Leistungen aus. Sie stempeln andere für belanglose Ereignisse zum Außenseiter. Das war schon immer so. Und dass viele Kinder besser „austeilen" als einstecken können, wissen Eltern und Lehrer nur zu gut.
Karl E. Dambach zeigt die typischen Verhaltensmuster, die bereits in der Schule gelernt und geübt werden. Er gibt konkrete Hinweise, wie Lehrer und Eltern den gemobbten SchülerInnen helfen können, und bietet Hilfen, wie das Sozialverhalten in der Schule verbessert werden kann.

Mauri Fries

Unser Baby schreit Tag und Nacht

Band 18

Wenn ein Baby schreit, will es etwas mitteilen: zum Beispiel, dass es Hunger hat, Schmerzen oder dass es sonst etwas plagt. Manche Babys jedoch schreien sehr häufig und scheinbar ohne Grund. Mauri Fries beschreibt zunächst die Fähigkeiten, über die Babys bereits von Geburt an verfügen: Wie steuert ein Baby sein Verhalten? Wie reagiert es auf verschiedene Reize? Die Autorin macht Eltern auf die vielfältigen Signale ihres Babys aufmerksam, damit die „Verständigung" mit dem Baby leichter wird. Mit praktischen Hinweisen, wo man professionelle Hilfe findet, und wie sich Selbsthilfe mit fachlicher Hilfe koordinieren lässt.

Hilfen für erschöpfte Eltern

2002. 124 Seiten
(3-497-01599-7) kt

Daniela Arbter-Öttl

Mein Kind schläft – endlich!

Band 16

Ausgehend von den neuesten Erkenntnissen zum kindlichen Schlafverhalten zeigt dieses Taschenbuch, welche Regeln aufgestellt werden müssen und wie man sie umsetzen kann. Das Besondere an diesem Ratgeber ist, dass nicht eine bestimmte Methode (z.B. Minutenzählen) favorisiert wird, sondern verschiedene Ansätze zur Behandlung von massiven Schlafproblemen geschildert und die jeweiligen Vor- und Nachteile aufgezeigt werden. So hilft die Autorin Eltern wie Beratern, individuelle Lösungsstrategien zu entwickeln und konsequent durchzuführen.

2000
155 Seiten. 13 Abb.
(3-497-01522-9) kt

Hartmut Kasten
Geschwister

Vorbilder
Rivalen
Vertraute

4. Auflage 2001
192 Seiten. 15 Abb.
(3-497-01457-5) kt

Fast jeder kennt sie: Geschwister als innige Vertraute und Geschwister als lebenslange Rivalen. Ob erfolgreicher oder entthronter Erstgeborener, ob vernachlässigter Zweitgeborener oder bevorzugtes Nesthäckchen – die Beziehung zwischen den Geschwistern beeinflusst zwangsläufig Lebensweg und Persönlichkeitsfindung.
Die Geschwisterforschung hat Interessantes herausgefunden. Der Platz in der Geschwisterreihenfolge, das Geschlecht und der Altersabstand sind wichtige Faktoren für die Entwicklung sozialer Fähigkeiten und der Intelligenz.
Der Entwicklungspsychologe und Pädagoge Hartmut Kasten beleuchtet dieses Thema in seiner ganzen Vielfalt und den Veränderungen, von der frühen Kindheit angefangen bis ins Alter. Das Buch ist allen zu empfehlen, die selbst Geschwister haben bzw. mit der Erziehung von Kindern betraut sind und Geschwisterkonstellationen besser verstehen möchten.

reinhardt

Ernst Reinhardt Verlag • München Basel
E-Mail: info@reinhardt-verlag.de
http://www.reinhardt-verlag.de